辨识谎言

测谎办案的逻辑与方法

张坤 著

中国法制出版社
CHINA LEGAL PUBLISHING HOUSE

前　言

近年来，许多以测谎技术为主题的影视剧出现在大众视野之中，逐渐揭开了测谎技术的神秘面纱。

自谎言诞生之日起，人类就开始努力探寻识别谎言的方法。科学测谎技术诞生至今已有一百余年的历史。作为一项成熟完备的心理学技术，测谎技术在当前司法实践中的应用日益广泛，所解决问题的层次也日益深化，在帮助排除无辜、审查言辞证据、认定作案人、提供侦查方向、施加强大心理压力等方面显现出其独特作用。

科学测谎技术的出现脱胎于心理学，发展的营养汲取于心理学。鉴于此，笔者延续以往的写作思路，以具体测谎案例为依托，立足心理学的视角，用通俗易懂的语言对测谎的专业思维路径进行阐释，对测谎实践中方法评价的全面性、印证测试的必要性、问题设计的行为导向性、单一主题询问的重要性、记忆恢复现象的反常性、被测人的共性与个性、犯罪记忆唤醒的有效性、被试的高度敏感性、自利性偏差的隐蔽性、司法心理学理论的应用性等问题进行探讨。

测谎，具体可分为狭义的测谎与广义的测谎。狭义的测谎，通常指司法领域中借助测谎仪所进行的标准化测谎。

在当前司法实践中，测谎师主要使用“多导生理心理测试仪”

（即我们所俗称的测谎仪）进行测谎。

首先，由测谎师向被测人说明测谎的基本原理和基本程序。然后，测谎师与接受测谎的人（测谎领域中称之为被测人）针对具体案情进行细致梳理，并针对特定的问题进行必要的“心理开发”，即“测前谈话”阶段。

其次，测谎师将测谎仪所包含的多道传感器与被测人连接，并选择特定的测谎范式，使用编制好的题目向被测人进行发问，即“正式测试”阶段，也被称为“测谎仪测试”阶段或“上机测试”阶段。

在被测人回答问题的过程中，测谎仪会迅速精确地记录下被测人皮肤电、血容量、血压、呼吸等生理指标的即时变化情况。

在发问和回答结束后，测谎师将对被测人在测谎过程中生理指标的相关数据进行量化分析，明确被测人在回答各问题时说谎的概率，即“量化评估”阶段。

最后，测谎师将依据对被测人生理指标变化情况的量化分析结果，撰写《心理测试（测谎）报告》，给出最终测谎结论，即“出具报告”阶段。

司法领域中借助测谎仪进行的测谎，对于专业性和规范性有着很高的要求。

首先，主持测谎的测谎师，以在检察机关从事测谎的测谎师为例，必须取得由最高人民检察院授予的测谎专业技术资格，才有资格独立进行测谎。正因如此，司法领域借助测谎仪进行的测谎，绝非人人可以实施。

其次，司法领域中借助测谎仪进行的测谎，从测前谈话、问题设计、测试范式、仪器使用、波形分析到结果评估、报告撰写，都有一整套详细的操作标准和流程，这决定了测谎师必须经过大量的专业化培训和实战经验积累，才有能力独立进行测谎。测谎是一门实践性很强的心理学技术，一名优秀的测谎师一定是在办理大量测谎案件的过程中逐渐成长起来的。

本书主要立足司法领域中借助测谎仪进行的专业测谎展开论述。但鉴于谎言识别的复杂性，测谎师有必要树立“大测谎”的理念，对各种测谎方法保持兼收并蓄的态度，并在测谎实践中进行灵活的融合运用。

需要说明的是，司法领域中的“测谎”技术，只是一种通俗的叫法。该技术的目的其实在于探查个体的心理信息，将个体的心理痕迹显现出来。但为了方便读者进行理解，本书暂用“测谎”一词进行表述。并且，在当前的司法实践中，测谎可以用来帮助审查、判断证据，但测谎结论不作为证据使用。

由于作者的理论水平与实践经验有限，本书的内容存在许多不足之处，但笔者愿意把它们进行分享，并真诚地期待读者的宝贵意见和建议。

最后，书中所使用的案例均经过合理改编。另外，为了能够帮助读者更好地认识和理解测谎，笔者也在书中使用了部分虚构案例以进行说明。

目　录

第一章　析微察异：测谎之原则

测谎技术的产生脱胎于心理学，测谎技术发展的营养同样汲取于心理学。

第二章 立足实践：测谎之技巧

一名优秀的测谎师，一定是在办理大量测谎案件的过程中逐渐成长起来的。

第三章 精益求精：测谎之设计

测谎在本质上是一个设计精巧的心理学实验。努力控制与消除所有可能存在的测试误差，正是测谎工作精益求精的体现。

第四章 兼收并蓄：测谎之方法

鉴于谎言识别的复杂性，测谎师有必要树立“大测谎”的观念，对各种测谎方法保持兼收并蓄的态度，并在测谎实践中进行灵活的融合运用。

第五章 案件百态：测谎之见闻

说谎与抓谎之间的关系，就像是一场“猫鼠游戏”。

第一章

析微察异：测谎之原则

测谎技术的产生脱胎于心理学，测谎技术发展的营养同样汲取于心理学。

谎言识别：什么是好的测谎方法

“一种好的测谎方法，不仅要能够准确判断个体在什么时候说了谎，还要能够准确判断个体在什么时候说了真话。”

能够认识到这一点，是很重要的。

下面，笔者用两个例子来解释这句话的具体含义。

例一

在一个1000人的群体中，有900个人说了真话，100个人说了假话。现在，我们需要使用A测谎方法，从这个1000人的群体中甄别出那100名说谎者。

最终，我们借助A方法成功地甄别出了全部100名说谎者。但与此同时，有450名诚实者也被我们错误地认定为说了假话。

从识别谎言的角度来看，A方法的测谎效果是十分显著的，因为100名说谎者无一漏网，全部被识别了出来。

但A方法是一种好的测谎方法吗？

并不是。

在测谎实践中，诚实者被错误认定为说谎者被称为“假阳性错误”，这在信号检测论中也被称为“虚报”；说谎者被错误认定为诚实者则被称为“假阴性错误”，这在信号检测论中也被称为“漏报”。

尽管A方法成功识别出了全部的说谎者，但其“假阳性错误”（虚报率）却达到了惊人的50%。

换句话说，在使用A方法进行测谎时，每两名诚实者中就会有一名被冤枉为说谎。

由此看来，A方法或许能够较为准确地判断个体在什么时候说了谎，却不能够准确地判断个体在什么时候说了真话。

例二

我们使用B测谎方法，来调查这个1000人的群体中是否有人说了谎。最终，借助B方法，我们并没有发现这1000人中有人说谎。

而事实上，在这1000人之中，有100个人说了谎。

从识别真话的角度来看，B方法的效果同样是显著的。所有诚实者中，没有一名诚实者被冤枉为说了谎。

但B方法也并不是一种好的测谎方法。因为在使用B方法进行测谎时，其“假阴性错误”（漏报率）达到了惊人的100%。

换句话说，在使用B方法进行测谎时，可能会错误地放过所有的说谎者。

由此看来，B方法或许能够较为准确地判断个体在什么时候说了真话，却不能够准确地判断个体在什么时候说了谎。

通过上面两个例子，我们可以更加清晰地认识到这样一点：

一种好的测谎方法，必须既能够准确判断个体在什么时候说了真话，又能够准确判断个体在什么时候说了假话。如果只是单纯地对其中某一方面的准确率进行考量，那么其结论将是不具备说服力的。

在某些特定情境中使用测谎技术时，对于“假阳性错误”和“假阴性错误”更是有着严格的控制要求。比如，假设例一的具体情形发生在司法实践之中，那么“假阳性错误”的出现将可能导致无辜者被错认为真凶，造成的后果无疑是十分严重的。

我们已经讨论了为何在评价一种测谎方法时，必须同时考虑其在识别真话与识别假话方面的准确性。尽管其中的道理非常清楚，但事实上，我们依然常常会存在下面这种思维习惯。

甲：我发现了一种有效的方法，可以迅速识别出那些违禁物品的携带者。

乙：具体是什么方法？

甲：根据我的发现，如果看到有乘客在安检台前四处张望，那么就要注意了，他很有可能携带了违禁物品。

乙：这种方法可靠吗？

甲：绝对可靠。事实上，我已经用这种方法成功地排查出许多违禁物品的携带者，从无失手。

……

正在此时，甲、乙二人注意到了一名乘客正在安检台前四处张望。甲走上前对该名乘客的行李进行检查，并很快在该乘客的行李内发现了违禁物品。

从以上得知，甲通过多次的试验验证了该种识别方法的准确性。而在甲的现场演示之后，乙也对这一识别方法的准确性深信不疑。

那么这足够证明，甲的这一识别方法是完美的吗？

经过前面的探讨，读者们应该已经能够认识到，这种识别方法存在着这样一个需要进一步检验的问题：

那些没有在安检台前四处张望的乘客中，有多少人事实上也携带了违禁物品？

换句话说，如果甲想要进一步证明这种识别方法的准确性，那么其应当同时将目光聚焦于那些没有在安检台前四处张望的乘客，并认真调查他们中携带和未携带违禁物品的人数。在此基础上，才能对该种识别方法的准确性进行更加全面的考量。

假设在对1000名没有在安检台前四处张望的乘客行李进行检查后发现，这1000名没有四处张望的乘客中有多名乘客事实上携带了违禁物品，那么，较高的“假阴性错误”将直接导致这种识别方法的可靠性大打折扣。

自比原则：测谎实践中的重要原则

在不同的场合，测谎师常常会被案件承办人、被测人等问到类似这样的问题：

“我本人非常容易紧张。如果对我进行测谎，那么即使我讲的是真话，测谎结果会不会也显示我在说谎？”

关于这一问题，我们或许可以从**“自比原则”**中找到答案。

司法领域中的专业测谎，从思路的设计、问题的编制到数据的评估分析，都遵循严格的“自比原则”。测谎是如此，其他许多心理学实验亦是如此。从某种程度上来说，“自比原则”是测谎实践中非常重要的原则之一。

所谓“自比原则”，顾名思义，即“自己跟自己比”。这样说可能有些抽象，下面笔者通过四个问题，向读者介绍“自比原则”对于保障测谎结果准确性的重要作用。

问题一：甲是一名中年男性，体重为75千克。现在，请读者进行判断，甲的体型属于偏胖还是偏瘦？

这个问题并不容易回答。

这是因为，如果甲的身高为150厘米，那么在体重为70千克的情况下，甲的体型显然属于偏胖。

但如果甲的身高为200厘米，那么在体重为70千克的情况下，甲的体型显然不属于偏胖。

那么，我们把这个问题做一下调整。

问题二：甲是一名中年男性，上个月的体重为65千克，这个月的体重为75千克。现在，请读者进行判断，甲是变胖了还是变瘦了？

这个问题显然非常容易回答。无论甲身高是150厘米还是200厘米，甲都毫无疑问地变胖了。

问题三：乙是一名学生，这次测验成绩是班级第十名。现在，请读者进行判断，乙这段时间是否在用功学习？

这个问题同样难以回答。

这是因为，如果乙的平日成绩始终保持在班级中下游水平，那么这次测验取得第十名的成绩，证明乙这段时间确实在学习上下了功夫。

但如果乙的平日成绩始终保持在班级第一的水平，那么这次测验取得第十名的成绩，则恰恰证明乙在这段时间并没有用功学习。

同样，我们把这个问题做一下调整。

问题四：乙是一名学生，上次测验成绩是班级第三十名，这次测验成绩是班级第十名。现在，请读者进行判断，乙在学习上是进步了还是退步了？

这个问题就变得容易回答了。毫无疑问，乙在学习上进步了。

在看完这四个例子后，我们来思考这样一个问题：

为什么对问题一与问题三难以进行明确的回答，而对问题二与问题四却能够得出明确的答案？

一个重要的原因在于，在问题一与问题三中，评判的标准是“普遍性的体重”与“普遍性的成绩”，评判的结果是“胖还是瘦”与“用功还是没用功”。而在问题二与问题四中，评判的标准是“自己上个月的体重”与“自己上次测验的成绩”，评判的结果是“变胖还是变瘦”与“进步还是退步”。

司法实践中的专业测谎，从思路的设计、问题的编制到数据的评估分析，从某种程度上来说就是一个评判“变胖还是变瘦”与“进步还是退步”的过程。

事实上，对“自比原则”的严格遵循，使得对脱离了具体测谎范式与个体基线标准的生理指标反应的分析变得不具有实质性意义。翻阅相关的测谎文献会发现，许多研究者也常常会在研究过程中一再地对这一点进行强调。

“自比原则”在谎言识别领域中的应用十分广泛。在下一篇文章中，笔者会向读者介绍一种言语真实性评估工具——科学内容分析（SCAN）。当前，SCAN被广泛运用于司法实践与测谎实践之中，而SCAN具体指标的开发与设计，同样贯彻着“自比原则”的理念。

言语真实性评估：聚焦“变化”的“SCAN”

在谎言识别领域，存在许多言语真实性评估工具。在这一部分，我们对一种应用广泛的言语真实性评估工具进行介绍。

这种应用广泛的言语真实性评估工具，就是SCAN。

应当说，每种言语真实性评估工具都有其自身的特点。与其他几种评估工具相比，SCAN最为鲜明的特征在于其关注个体所呈现出的“变化”。SCAN认为，通过对个体在言语与行为方面所表现出的“变化”进行分析与评估，能够发现个体在其中所隐藏的欺骗。

下面，我们就来详细了解SCAN中所涉及的具体标准。

标准一：语言表述改变

按照SCAN的观点，个体的语言表述方式应当是具有一贯性的。鉴于此，如果陈述者的语言表述方式始终保持一致，那么个体的陈述即具有较高的可信度。反之，如果个体的语言表述方式突然发生改变，那么这很可能意味着在陈述者的脑海中，某些事情与其他事情是不一样的。

举个例子。

"第一次是我刚入职那一年，我用这种方法赚了七八千块钱。第二次是我入职四五年的时候，我用这种方法赚了一万多块钱。第三次是我离职那一年，我用这种方法赚了一万多块钱。最后一次是在去年年底，我用这种方法弄了将近一万块钱。"

在这段陈述中，陈述者对前三次行为均表述为"赚"，而对最后一次行为表述为"弄"，这在一定程度上可以反映出在陈述者内心中，最后一次获取钱款的方法与前三次可能是不同的。

再看下面这段陈述。

"我当时没理他，低着头继续削苹果。削完苹果，我就随手把水果刀放在茶几上。他突然伸出胳膊，把水果刀从茶几上拿了起来。我让他把刀放回茶几上，他问我是不是真觉得他不敢。我见状也没答话，伸手把他手里的水果刀又拿了回来。他也没反抗，所以我很轻易地就从他手里拿过了水果刀。拿过水果刀后，我重新把水果刀放在了那张桌子上。"

在这段陈述中，陈述者前三次的表述均为"茶几"，但在最后一次表述中为"那张桌子"。这在一定程度上可以反映出在陈述者心中，最后一次放置水果刀的位置与前三次放置的位置可能存在差异。

标准二：不恰当情绪

这一标准涉及陈述者在陈述过程中情绪的表达。

陈述者在进行陈述的过程中，常常会伴随相关情绪的诱发与表达。如果陈述者在陈述过程中出现了不恰当情绪，那么其陈述的可信度就会相应下降。

所谓陈述中的不恰当情绪，具体体现为两方面。

第一，是情绪出现本身较为反常。

来看下面这段陈述。

> “我于是把车开到路边停了下来。车刚刚熄火，我就听到马路旁边有人叫喊的声音。我感觉非常紧张，于是我回头一看，一个中年妇女正在马路边站着。”

在这段陈述中，陈述者在正常开车的情况下，并不会因为听到马路旁边有人叫喊而感到“非常紧张”，此时陈述者在陈述中即表现出了不恰当的情绪。

第二，是情绪表述出现的位置。SCAN认为，通常来讲，说谎者只会在陈述内容的关键情节之前提到情绪，但诚实者则更可能在整个陈述内容中提到情绪。

鉴于此，SCAN认为，当陈述者仅在陈述内容的关键情节之前提到情绪，并且这种情绪本身的出现较为反常，那么其陈述内容的真实性是值得怀疑的。

标准三：陈述结构

这一标准涉及陈述各部分内容之间比重的均衡。

通常来说，在一段完整的陈述之中，会有20%的内容用来进行铺垫、50%的内容用来描述事件的核心内容、30%的内容用来进行收尾。如果陈述各部分内容之间的比重出现了严重的失衡，那么这段陈述内容的真实性将相应下降。

标准四：缺乏明确记忆

这一标准认为，当陈述者对于陈述中的特定元素缺乏明确记忆，进行明显的模糊性表述时，其陈述内容的真实性相应下降。常见的模糊性表述包括“我感觉”“好像”“应该是”，等等。

举个例子。

> “那天他是一大早过来的，手里提了个文件包。当时他敲门进了我的办公室，把那个文件包交给了我。我记得我的另外两名同事好像也在场……我应该是跟他们两个也讲过这件事情。”

在上面这段陈述中，陈述者在对“是否有其他人在场”以及“是否跟两名同事讲过这件事情”进行陈述时出现了明显的模糊性表述。

标准五：代词

这一标准涉及陈述内容中使用的代词，主要体现为两方面。

第一，是代词的反常遗漏。

所谓代词的反常遗漏，是指在关键情节的陈述中对代词进行了省略。比如，陈述者将“我是那天早晨九点钟离开了家，十点钟左右到达了火车站”描述为“那天早晨九点钟，离开了家，十点多到达火车站”，那么陈述者在陈述过程中即出现了代词的反常遗漏。SCAN认为，这很可能表示陈述者不愿让自己投入所描述的活动之中，不愿让自己与所描述的活动产生联系，并且有意地将自己与所描述的活动拉开距离。

第二，是代词的反常改变。

所谓代词的反常改变，是指在关键情节的陈述中对代词进行了改变。比如，陈述者将“然后我就把他拖到了门口，让他倚在门上醒醒酒”描述为“然后我们就把他拖到门口，让他倚在门上醒醒酒”，那么陈述者在陈述过程中即出现了代词的反常改变（将“我”改变为“我们”）。SCAN认为，如果陈述者此时陈述的主体非常明确是陈述者“本人”，却反常地在陈述中使用了“我们”这一代词，那么这很可能表示陈述者正在试图逃避其本人在该事件中所需承担的相关责任，并试图进行责任分散。

标准六：不拒绝断言

这一标准涉及陈述者对指控或断言进行否定的方式。

所谓不拒绝断言，是指陈述者对于访谈者提出的指控或断言并未进行直接的正面拒绝与否认。SCAN认为，说谎者更可能会在陈述中出现不拒绝断言，而诚实者更可能会在陈述中进行直接、明确的拒绝与否认。

举个例子。

对话一：

问：那天晚上见面时，你身上带着刀具一类的东西吗？

答：没有。

对话二：

问：那天晚上见面时，你身上带着刀具一类的东西吗？

答：我平时很少带那种东西。

在对话一中，陈述者对询问者的问题进行了直接的否认，而在对话二中，陈述者并未直接否认自己在案发当时身上携带了刀具，出现了典型的不拒绝断言。

标准七：信息缺失

这一标准涉及陈述者对某些信息的有意遗漏。

要求陈述者在陈述过程中对事件中的所有细节进行毫无遗漏的陈述，本身是一件极为困难的事情。但同时，SCAN认为，当陈述者对事件中的某些信息进行有意遗漏时，需要引起询问者的注意，因为这可能显示出陈述者不愿对该部分内容进行提及。

SCAN提出，说谎者常常会通过模糊化时间来进行某些信息的有意遗漏，如“最后”“不久之后”“过了一段时间”等。当这些用词出现时，询问者需要保持充分的警惕，留意陈述者是否在某些信息的陈述上进行了有意遗漏。

标准八：无关信息

这一标准涉及陈述者对于某些无关信息的提供。

SCAN认为，当陈述者在陈述过程中提供了一些与事件无关的信息时，访谈者需要认真考虑，为何陈述者认为需要在自己的陈述过程中添加这些无关信息。这一标准认为，说谎者有时会借助在陈述过程中添加无关信息来对更重要的信息进行隐藏。

标准九：主客观时间

这一标准涉及陈述者在陈述过程中主客观时间的匹配度。

简单来说，客观时间是指事件发生所持续的真实时间，而主观时间是指陈述者的陈述量在整个陈述过程中的时间分配。SCAN认为，在诚实者的陈述过程中，主观时间与客观时间的长度应当是匹配的，而在说谎者的陈述过程中，主观时间与客观时间的长度可能会出现不匹配的现象。

举例来说。如果一名陈述者用10行字来描述一个持续时间为10分钟的事件过程，接下来用2行字来描述一个持续时间为1小时的事件过程，那么这种主客观时间之间的明显不匹配在一定程度上可以表明，陈述者对于这两个事件的陈述可信度是存在差异的。

标准十：社会性介绍

这一标准涉及陈述过程中所提及的人是怎样被介绍的。

SCAN认为，当陈述者含糊不清地对某人进行介绍，或者忘记对某人进行介绍时，通常认为此时陈述者的脑海中有什么事情阻止了陈述者对该人进行介绍。比如，该人与某件重要的事情存在关联，而陈述者本人又不愿对这件事情进行提及。再如，该人与陈述者之间存在某种特殊关系，或该人与陈述者之间关系紧张，因此陈述者并未在陈述过程中对该人进行明确的社会性介绍。

如果在陈述者的陈述过程中，某个人物的出现十分突兀，没有任何铺垫，或者陈述者对该人物特征的介绍十分模糊，那么该人物是否存在以及该人物行为的真实性都是值得怀疑的。

标准十一：自发纠正

这一标准涉及陈述者在陈述过程中出现的纠正情况。

SCAN认为，如果陈述者在陈述过程中出现了过多的自发纠正（如“不好意思，我刚才记错了，现在我重新讲”），那么这表明陈述者的陈述内容中可能存在着欺骗。

以上，是SCAN中所包含的几个具体标准。

在这一部分的开头笔者曾经提到，与其他几种言语可信度评估工具相比，SCAN更为强调个体在言语和行为方面的“变化”。通过对SCAN所涉及的具体标准进行介绍，相信读者也会对SCAN的这一特点有更加直观的理解。

但SCAN也存在一定的不足，这主要体现在两个方面。

第一，尽管SCAN应用广泛，但其相应的理论基础较为薄弱。SCAN中的一些标准介绍了说谎者与诚实者在陈述过程中会表现出怎样的差异，但并没有非常坚实的理论来说明为什么说谎者与诚实者之间会出现这样的差异。

第二，与其他几种言语可信度评估工具相比，在使用SCAN的过程中，不同的评估人员对同一份陈述所关注的重点可能会存在不同，同一评估人员对不同的陈述所关注的重点也可能会存在不同。

比如，甲在使用SCAN对A的陈述真实性进行评估的过程中，关注的是A在陈述过程中表现出的符合“陈述结构”与“不拒绝断言”的特征。而乙在同样使用SCAN对A的陈述真实性进行评估的过程中，所关注的是A在陈述过程中表现出的符合“不恰当情绪”与“代词”的特征。

鉴于此，有学者提出，可以考虑将SCAN作为一种引导访谈的工具进行使用。事实上，SCAN所特有的关注“变化”的特点，确实可以使其成为一种有效的引导访谈工具，帮助评估者及时发现下一步的访谈方向，挖掘不易察觉的访谈线索。在SCAN的许多具体标准中，我们同样可以看到其在引导访谈方面的独特作用。比如，访谈者可以使用“代词”这一标准来及时发现陈述者想要在哪些事情上进行责任逃避；又如，访谈者可以使用“信息缺失”这一标准来进一步挖掘陈述者内心不愿对哪些事件进行提及；再如，访谈者可以使用“言语表达改变”这一标准，有针对性地分析哪些事物或事件在陈述者心中是与其他方面存在差异的。

记忆恢复：还是记忆歪曲

甲、乙二人同为经营土特产的商户，因乙常常抢甲的生意，使得二人之间的关系逐渐恶化。

某日，甲聚集了几个哥们儿，借口挑起事端。乙身边也有几个平日里的朋友，一言不合，两伙人就动了手。一场冲突之后，乙被人用钢筋砸中头部，最终不治身亡。

现场遗留的钢筋受到了污染。但在乙的几个朋友中，有人表示曾在案发当时看到甲持钢筋砸了乙。

案件发生一周后的一天，丙主动找到了办案人员。丙向办案人员表示，案发当天，自己被甲喊去帮忙，并目击了双方斗殴的过程。按照丙的说法，乙被人用钢筋砸中头部并非甲所为，而是乙的朋友丁所为。

但其中存在一个古怪之处。

在案件刚发生后不久，丙被安排接受问话。在接受问话的过程中，丙表示当时现场很混乱，自己并没有看清是谁用钢筋砸了乙。然而，时隔一周之后，丙竟然清楚地描绘出了当时的具体情形，并明确表示是丁用钢筋砸了乙。

对于这一问题，丙也进行了解释。

按照丙的说法，自己在第一次接受问话的过程中，确实表示并没有看清是谁用钢筋砸了乙。但在之后的几天时间里，丙通过努力的回忆，开始逐渐记起自己在案发当时曾经看到，是丁持钢筋砸了乙。

换句话说，丙表示自己出现了**“记忆恢复”**。

究竟是丙出现了“记忆恢复”，还是在试图作伪证？为了弄清楚这一问题，案件承办人委托测谎师对丙进行测谎。

测谎的结果显示，丙的陈述为假。换句话说，丙并未看到丁用钢筋砸了乙。

由此看来，这名被测人根本就没有出现“记忆恢复”。相反，他只是企图通过虚假的证言，来帮助甲逃脱罪责。

应当说，在一些特殊情况下，“记忆恢复”现象是可能出现的。但由于该现象并不符合记忆的一般规律，因此在司法实践与测谎实践中，应当对当事人或被测人出现的“记忆恢复”保持足够的慎重。

在上面这个例子中，证人丙并未出现“记忆恢复”，只是企图以“记忆恢复”为幌子来达到其非法目的。但在下面这起案件中，这名证人却在多种因素的综合作用下，真的出现了所谓的“记忆恢复”，但这却是一段被歪曲的记忆。

这起案件，就是发生于1984年的日本自民党本部纵火案。

日本学者高木光太郎在他的《证言的心理学——相信记忆、怀疑记忆》一书中，对这起案件中的目击证言进行了分析。下面我们就来关注这起案件中的目击证人出现的所谓“记忆恢复”。

1984年9月19日晚上7时许，位于东京永田町的日本自民党本部发生了一起纵火案件。纵火者操纵汽车内的火焰喷射器，朝自民党本部大楼喷射火焰。

案件发生后，警察马上进行了彻底的侦查。但由于现场的证据不足及目击证言的缺乏，使这起案件的侦查工作陷入困难阶段。于是，警察开始对零件的售卖途径进行追查，以期能够发现作案人的蛛丝马迹。

案件发生7个月后，警察逮捕了F，并将其列为重大嫌疑人。而其中关键性的证据，来源于一名商店店员的目击证言。

按照该名店员的说法，在纵火案件发生前一个多月，其曾经把一种特殊的零件卖给过一个“像是F的人”。

当该名店员第一次被侦查人员询问有关售卖零件的问题时，距离售卖零件这件事已经过去了4个月。

对于一名普通店员来说，如果不是发生了特别离奇的经历，或是目睹了特别反常的场景，那么售卖零件这种日常事件将很难清晰地保留在其记忆之中。

事实上，一开始这名店员也曾向侦查人员表示，自己记不清楚那天发生的事情。但侦查人员并没有因此停止询问，他们向这名店员提供了其他一些相关材料，要求其回想当天发生的事情。于是，这名店员开始努力回忆那天发生的事情。

最后，这名店员表示，自己那天曾把涉案特殊型号的零件卖给过一名顾客。

接下来，侦查人员向这名店员呈现了照片，要求其进行辨认。

高木光太郎在书中指出，向这名店员呈现照片的过程中，存在许多明显的问题。

第一，侦查人员的指导语存在问题。侦查人员在向这名店员呈现照片时，具体的指导语为：要求该店员选出似乎曾经见过的人，有多少人就选出多少人。该名店员应当回忆的，是与特定时间和特定场所相关联的特定的人，但如果按照这样的指导语进行回忆，那么该店员很可能会回忆起另外一些“曾经见过的人”，如前一天在地铁口与其一起排队的男子，或是前天帮其送餐的外卖员。

第二，呈现照片的数量存在问题。侦查人员给店员呈现的照片数量多达数百张。一方面，一定数量的陪衬照片是必要的；但另一方面，如果陪衬照片的数量过多，不仅不会唤起记忆，反而会歪曲记忆。

第三，呈现照片的样式存在问题。具体来说，在侦查人员向这名店员呈现的照片中，其他人的照片均为标准的逮捕照片，只有F的照片是普通的照片。这使得F的照片与其他照片存在很大的不同。

最终，这名店员从办案人员呈现的照片中选择出了F。

不仅如此，这名店员接下来又回忆出了当天与F相关的许多情景。比如，当F进店时，这名店员正站在商品架前面；在F讲话前，这名店员先热情地跟F打了招呼；在F付款时，这名店员收了F的货款但没有找零。

此时在这名店员身上，似乎出现了明显的“记忆恢复”。

一个多月后，这名店员在接受检察官的询问过程中，还是在照片中选择了F。

又过了几个月，这名店员透过玻璃，对F本人进行了辨认。

最后，这名店员在法庭上又一次见到了F。此时，距离售卖特殊零件的那天已经过去了两年多。

高木光太郎在书中指出：

> 在侦查人员最初找到店铺的那一天，这名店员回答说记

不清楚。两年多之后，在法庭上，这名店员站在证言台上，说她见过F。

从最初的“记不清楚”，到后来回忆起那天确实曾经向一位顾客售卖过某种特殊零件，再到后来成功辨认出F，甚至清晰地还原出了售卖零件当天与F相关的具体情景。表面上来看，这似乎是店员在努力回忆之下所出现的“记忆恢复”。但事实上，这只是她在各种内外部因素影响之下出现的记忆歪曲。

1994年，F被宣判无罪。

在这一部分的最后，我们来谈谈记忆的一般规律。

作为一种高级心理过程，在相当长的一段时期内，心理学家认为记忆是不能通过实验的方法进行研究的。但心理学家艾宾浩斯打破了这种禁锢，尝试用实验的方法对记忆保持和遗忘的一般规律进行了系统研究。

其中最广为人知的，就是**“艾宾浩斯遗忘曲线”**。这条曲线描绘出了记忆遗忘的具体进程，揭示了遗忘发展的一般规律。

为了能够使用实验的方法对记忆进行准确的定量分析，艾宾浩斯创造了“无意义音节”与“节省法”。

所谓“无意义音节”，是指一个元音和两个辅音组合而成的音节，如zov、fol等。之所以使用这样的无意义音节，是为了避免意义上的联想会影响到实验结果的准确性。对于这样的无意义音节，个体只能通过反复诵读来进行记忆，记忆的效果也便于进行统计。

所谓“节省法”，是指要求被试对需要记忆的材料进行反复诵读，直到第一次能够流畅准确地背诵出来。此时，研究者记录下被试从开始记忆到第一次能够背诵出实验材料的时间，并记录下被试在这一过程中需要诵读的次数。然后，经过一段特定的时间之后，再次要求被试对这些需要记忆的材料进行反复的诵读，直到被试能够再一次流畅准确地背诵出来。此时，研究者记录下被试从开始记忆到再次能够背诵出的时间，同时记录下被试再次完成这一过程需要诵读的次数。将第一次所花的时间与第二次所花的时间进行比较，就可以计算出节省了多少时间。将第二次所需要的诵读次数与第一次所需要的诵读次数进行比较，就可以计算出节省了多少次数。

通过“无意义音节”与“节省法”，艾宾浩斯对记忆过程进行了严格的控制，并根据实验数据描绘出了记忆的遗忘轨迹，即“艾宾浩斯遗忘曲线”。

“艾宾浩斯遗忘曲线”显示，我们的遗忘是有规律的。具体来说，遗忘在学习之后立刻就会开始，但遗忘的速度却并不是均衡的，而是呈现出明显的先快后慢的趋势。

比如，刚刚识记完20分钟后，记忆的保持量即下降至58%；过了一天之后，记忆的保持量已经下降至将近四分之一。但随着时间的进一步推移，遗忘的速度逐渐放缓，遗忘的数量也逐渐减少。

当然，需要指出的是，通过使用“无意义音节”与“节省法”，艾宾浩斯对记忆进程进行了更好的控制。但在日常生活中，尤其是司法实践与测谎实践中，案件当事人与被测人的记忆与遗忘情况，显然更为复杂得多。

记忆加工水平：折叠刀与烟灰缸

记忆痕迹的存在，是测谎的重要前提和基础。从心理学的角度来看，不同的记忆加工水平会导致记忆痕迹的质量存在不同。在编制测谎思路、选取测试要点、解释图谱反应的过程中，这一点需要引起测谎师的重视。

下面我们来看两个例子。

第一个例子。

某晚，甲与女友在河边约会。约会过程中，两人因为结婚的问题产生分歧，进而引发争执。女友见状决定离开，但甲拦住女友执意不让其离开。随后，甲在愤怒之下失去理智，从口袋中掏出一把黑色折叠刀扎入女友的身体，造成女友当场死亡。事后，甲将女友的尸体拖入草丛中，用一块深蓝色的布盖住了尸体，然后逃离了现场。

在这个例子中，甲对于"杀害女友所使用的凶器"和"用一块深蓝色的布盖住了尸体"都可能形成相应的犯罪记忆痕迹。但前者记忆痕迹的质量应当显著高于后者。

原因在于，甲在某娱乐场所上班，平日总是随身携带着这把黑色的折叠刀。案发当晚，甲像往常一样将这把刀揣在口袋里，然后在发生争执时失去理智，从口袋中掏出刀扎入了女友的身体。鉴于此，甲对于本案中的"凶器"存在较高质量的犯罪记忆痕迹。如果测谎师以"凶器"为测试要点进行测谎问题的设计，应当能够较为有效地唤醒甲的犯罪记忆痕迹。

但掩盖女友尸体的深蓝色布，则并非甲的事先准备。甲在激情状态下杀死女友后，内心陷入了极度的恐惧。甲十分害怕女友的尸体被人发现，于是慌慌张张地从一个垃圾桶内翻出一块布对女友的尸体进行掩盖。至于这块布的颜色很可能并没有给甲留下清晰的记忆痕迹，甲甚至可能并不记得用于掩盖尸体的物品是一块布。鉴于此，这一犯罪记忆痕迹的质量相对较低。如果测谎师以"深蓝色的布"为测试要点进行测谎问题的设计，那么当测试结果出现“无明确对应”时，也不应据此简单排除甲为本案真正作案人的可能性。

在上一个例子中，甲对于“凶器”存在较高质量的犯罪记忆痕迹，而对于掩盖尸体所使用的“深蓝色的布”所形成的犯罪记忆痕迹的质量则相对较差。

下面我们来看第二个例子。

乙偷偷溜进一家公司企图窃取财物，被一名去而复返的值班人员发现。在二人的搏斗过程中，乙用一只烟灰缸猛击值班人员头部，然后迅速逃离现场。

在这个例子中，乙对于“进入公司行窃的时间”和“击打值班人员所使用的凶器”都会形成相应的犯罪记忆痕迹，但前者记忆痕迹的质量应当显著高于后者。

原因在于，乙在案发当晚进入公司行窃之前，曾经花很长时间留意过公司的下班时间。通过几天的观察，乙发现该公司在晚上十点钟会准时全部熄灯，然后会有一名值班人员走出办公大楼。乙在确定了公司已经无人后，偷偷潜入公司实施盗窃。鉴于此，对于进入公司行窃的具体时间，乙存在较高质量的犯罪记忆痕迹。

然而，值班人员的去而复返打乱了乙的计划。在被值班人员发现后，乙在慌乱中顺手抄起桌子上的一个物件砸向值班人员。这件“凶器”并非乙事前准备，也并非乙精心挑选，再加上当时的照明条件较为昏暗，因此乙对于所使用的“凶器”很可能并未形成清晰的犯罪记忆痕迹。如果以“凶器是烟灰缸”作为测试要点来进行测谎题目的设计，那么必须考虑到这一犯罪记忆痕迹的质量。

我们可以看到，第二个例子的情况与第一个例子截然不同。乙对于“行窃时间”存在较高质量的犯罪记忆痕迹，而对于“凶器”所形成的犯罪记忆痕迹的质量则较差。

关于不同加工水平对于记忆的影响，心理学家进行了大量的实验研究，并提出了许多相应的理论。比如，记忆痕迹的**“加工水平理论”**就是其中一种重要理论。

“加工水平理论”认为，个体在接收外界的信息时，要对这些信息进行一系列不同水平的分析。这些分析从肤浅的感觉分析开始，逐步到达深入的意义分析。肤浅的感觉分析主要涉及信息的物理特性，如大小、形状、声音等。而深入的意义分析则会涉及信息的意义特性，包括模式的识别和意义的提取。

记忆痕迹的持久性是加工深度的直接函数，因此对信息进行不同水平的加工会直接影响到对其的记忆效果。具体来说，对信息的加工水平越浅，则记忆痕迹越模糊，记忆的效果越差；对信息的加工水平越深，则记忆痕迹越清晰，记忆的效果越好。如果对信息的加工涉及更多的分析过程、比较过程和理解过程，那么记忆痕迹就会更清晰，记忆的效果就会更好。

下面，我们通过一项心理学实验，来进一步加深对这一理论的理解。

研究者将被试分为三组，然后分别向三组被试呈现同一组单词。

比如，其中一个单词是“sheep”。

第一组被试在看到“sheep”这个单词时，需要回答这样一个问题：

“它的字母是大写还是小写？”

第二组被试在看到“sheep”这个单词时，需要回答这样一个问题：

“它与bee押韵吗？”

第三组被试在看到“sheep”这个单词时，需要回答这样一个问题：

“它是一种动物吗？”

我们会发现，通过要求被试回答不同的问题，研究者成功地引导被试对这一单词进行了不同水平的记忆加工。

第一组被试在回答字母是大写还是小写时，是在对sheep的**字形**进行了记忆加工。

第二组被试在回答是否与bee押韵时，是在对sheep的**语音**进行记忆加工。

第三组被试在回答是否是一种动物时，是在对sheep的**语义**进行记忆加工。

之后，研究者要求三组被试分别对该组字词进行再认。结果表明，进行“语义加工”的第三组被试的再认成绩明显要高于进行“字形加工”的第一组被试，同时也明显高于进行“语音加工”的第二组被试。

印证测试：心理痕迹的整合

印证测试，是测谎实践中的一项重要原则。当案件中存在多名对案件关键事实存在记忆痕迹的案件当事人时，在条件允许的情况下，测谎师会尽可能地对多名案件当事人分别进行测谎。通过各案件当事人测谎结果间的相互印证，来帮助更加准确地还原出完整的事实。

当然，在测谎实践中，有的案件会由于种种客观原因而无法进行印证测试。比如，在一些案件当中，被害人已经死亡。如果嫌疑人对案发当时的具体情形进行辩解，此时仅能对嫌疑人一人进行测谎。

又如，在一些案件中，嫌疑人单独实施作案，现场也并无其他证人目击。如果嫌疑人到案后否认犯罪事实，坚持“零口供”，此时也仅能对嫌疑人一人进行测谎。

再如，在一些案件中，对于案件关键事实存在记忆痕迹的其他案件当事人有时会因无法到案、存在严重身体疾病等不同原因而不能接受测谎，此种情况下也无法进行有效的印证测试。

还有这样的情况，在一些“一对一”的案件中，被害人自身存在精神疾病。测谎师慎重起见，并不会对被害人进行测谎。此时也仅能对嫌疑人一人进行测谎。

尽管如此，在测谎实践中，只要在条件允许的情况下，测谎师都会尽可能地进行印证测试。

印证测试对于降低测谎误差和提升测谎效果具有重要意义。不过，在测谎实践中，测谎师常常需要就印证测试的必要性向案件承办人进行解释。

来看下面这段对话。

测谎师：委托测谎的主要目的是什么？

案件承办人：嫌疑人与被害人在这个关键情节上的说法存在不一致，我们想通过测谎来帮助明确一下谁说的是事实。

测谎师：当时现场还有其他人吗？

案件承办人：有一名目击证人。

测谎师：这名目击证人现在还能联系到吗？

案件承办人：可以联系到。

测谎师：我们先做这起案件的测谎准备工作。如果适合进行测谎，那么在条件允许的情况下，我们建议对嫌疑人、被害人和证人分别进行测谎。

案件承办人：只对嫌疑人进行测谎就可以了。如果测谎结果显示嫌疑人所说为假，那么事实是什么，我们也就清楚了。为什么要对这几个人分别进行测谎呢？

……

以上这段对话的内容反映出案件承办人对于测谎的一个常见困惑：

为什么要进行印证测试？

换句话说，印证测试究竟有什么必要性？

在这一部分，我们就针对这一问题展开讨论。

举个例子。

某日，甲驾驶车辆回家，在经过一条狭窄的小路时，甲发现乙、丙二人站在路中间驻足不前，于是甲按了按喇叭，表示催促。然而，乙、丙二人在听到喇叭声后，非但没有离开，反而朝甲的汽车走了过来。

乙、丙二人走到甲的车旁，对甲大声辱骂，并且开始用脚踹甲的车。甲情急之下打开车门下了车，双方随即动了手。甲双拳难敌四手，渐渐落入下风，最后被乙、丙二人控制住。

甲向办案人员陈述，自己被乙、丙二人按在汽车前盖上无法动弹。就在此时，甲感觉到有一只手在摸自己的裤兜。甲心中一阵焦急，因为裤兜里装的是自己刚刚借来的三千元现金。

甲想到，乙、丙二人一定是在打斗过程中摸到了自己裤兜中的现金，于是见财起意，打算把这三千元现金抢走。于是甲拼命用手捂住裤兜，但腹部却重重地挨了一拳，顿时失去了反抗能力。

乙、丙二人随后离开了现场。甲站起身摸了摸自己的裤兜，发现裤兜内的钱已经不见了。

很快，办案人员将乙、丙二人抓获归案。经讯问，乙、丙二人对于殴打甲的行为供认不讳，但对于甲丢失的三千元钱，乙、丙二人则坚称一无所知。

为了帮助查清乙、丙二人在案发当时是否从甲的裤兜中抢走了三千元钱，案件承办人将本案委托到了测谎实验室。

问题：仅对甲、乙、丙三人中的某一人进行测谎，是否能够完整还原出案件事实？

答案是否定的。

下面我们来一一进行分析。

首先是被害人甲。

乍看之下，单纯对甲进行测谎，应当能够明确乙、丙二人是否抢走了其裤兜中的三千元钱。具体来说，如果对甲的测谎结果为“真实”，即甲在案发当时确实随身携带了三千元现金，这三千元钱确实被甲塞进了右侧裤兜，并且这三千元钱后来确实不在甲的身上，等等。那么乙、丙二人应当是在案发当时抢走了甲的三千元钱。相反，如果对甲的测谎结果为“虚假”，即甲在案发当晚并未丢失三千元钱，或是甲在案发当晚根本并未随身携带现金等，那么甲将极有可能对乙、丙二人进行了恶意诬陷。

但这是存在一定问题的。

比如，即使对甲的测谎结果为“真实”，也仅能够排除甲对乙、丙二人进行恶意诬陷的可能，却不能据此完全认定乙、丙二人从甲的裤兜中抢走了三千元钱。

一方面，本案的案发时间正值深夜，且事发突然。甲在最初的陈述过程中，仅能够确认在与乙、丙二人打斗时感觉到有一只手在摸自己的裤兜。但在之后的陈述过程中，甲开始逐渐清晰地回忆起当时是乙、丙中的一人把手伸进自己的裤兜中掏走了钱。从心理学的角度来看，我们应当慎重考虑这种“记忆恢复”的可靠性。

关于“记忆恢复”现象，笔者在前面的文章中作了专门的阐述。

另一方面，从拍摄到的部分监控画面来看，甲与乙、丙二人的打斗十分激烈。在打斗过程中，三人的身体姿态与相互位置也在不断发生变化。再加上案发地点的光线十分昏暗，周围环境也非常凌乱，因此无法完全排除这样一种可能性，即甲在激烈的打斗过程中，裤兜中的现金不慎掉出遗失，而甲却错误知觉为现金被乙、丙二人抢走。

鉴于此，测谎师有必要继续对两名嫌疑人乙和丙分别进行测谎。

首先是嫌疑人乙。

问题：仅仅对本案的嫌疑人乙进行测谎，能够完整还原出案件事实吗？

答案依然是否定的。

乍看之下，单纯对嫌疑人乙进行测谎，似乎足以还原出整个案件事实。具体来说，如果对乙的测谎结果为“真实”，即乙在案发当晚并没有抢过甲的三千元钱，或者乙根本就不知道甲的三千元钱装在哪里、钱款的数额究竟是多少、现金的包裹方式是什么样的等，那么甲的三千元钱应当并非由乙、丙二人抢走，而更可能是甲对乙、丙二人进行的恶意诬陷，或是钱款意外遗失。相反，如果对乙的测谎结果为“说谎”，即乙在案发当晚确实抢走了甲的三千元钱，并且乙对甲装钱的位置、钱款的数额、包裹现金的方式等信息存在清晰的记忆痕迹，也能够在很大程度上证明，乙、丙二人确实实施了抢钱行为。

但这依然存在一定的问题。

比如，如果甲的三千元现金确实是被乙、丙二人抢走，那么具体的情形又可以细分为许多种。下面我简单列举三种。

情形一：在控制住甲后，乙、丙二人打算从甲身上顺点儿钱，于是两人开始摸甲身上的衣兜，并很快摸到甲的右侧裤兜内有现金。乙、丙二人从甲的裤兜内抢走现金，然后将甲打倒在地，迅速逃离现场。

情形二：在控制住甲后，丙无意间摸到了甲的裤兜，察觉到甲的裤兜内装有现金，于是试图将甲裤兜内的现金抢走，遭到了甲的反抗。乙、丙二人将甲打翻在地，丙在这一过程中趁机从甲的裤兜中抢走了现金，然后与乙一起逃离现场。回到住处后，丙告诉乙，自己刚才从甲的裤兜中抢到了一些钱。乙、丙二人把抢来的钱数了一下，共计三千元，然后二人瓜分了这笔钱。

情形三：在控制住甲后，丙无意间摸到了甲的裤兜，察觉到甲的裤兜内装有现金，于是在殴打甲的过程中趁机从甲的裤兜中抢走了现金，然后与乙一起逃离了现场。但与情形二不同之处在于，乙、丙二人回到住处后，丙并没有告诉乙自己从甲的裤兜中抢到了一些钱。丙不希望乙知道这件事情，也不愿意与乙瓜分这笔钱。

如果事实真的如上述情形三，那么尽管甲的钱确实是被抢走的，但对乙的测谎结果却依然很可能为“诚实”。如果仅依靠对乙的测谎结论进行推断，很可能会对案件事实进行误判。

其次是嫌疑人丙。

仅通过对本案的嫌疑人丙进行测谎，依然无法还原出整个案件事实。原因与上类似，在此不再赘述。

由此我们会发现，具体到这一案例中，只有通过对被害人甲、嫌疑人乙、嫌疑人丙分别进行测谎（即印证测试），才能在最大程度上保证对案件事实的准确还原。

正如在某一特定时间、某一特定场所发生了某一特定事件，在该事件发生的当时，有的人是通过眼睛看到的，有的人是借助耳朵听到的；有的人是站在楼顶目击的，有的人是蹲在地上目击的；有的人是在恍恍惚惚之中目击的，有的人是在全神贯注之下目击的；有的人目击了作案人的正面，有的人目击了作案人的侧面；有的人被受害者身上喷溅而出的鲜血吸引了注意力，却没有注意到是谁刺伤了他；有的人将全部的注意力都集中于作案人手中的凶器，却没有注意到当时的作案人究竟有几人；有的人留意到了其中一名作案人带有浓厚的地方口音，有的人则注意到了其中一名作案人似乎视力有些障碍。从这个层面上来说，印证测试就是在最大程度上将案件中各当事人的心理痕迹进行整合与梳理，以期更好地还原出完整的事实。

以上，是测谎实践中坚持印证测试的一个重要原因。但印证测试的必要性并不仅限于此。下面，我们从其他几个方面来阐释测谎实践中印证测试的必要性。

测谎在本质上是一个心理学实验，高准确率是其能够应用于司法实践的重要前提和基础。但只要是实验，就不可避免地会存在实验误差，这一点无须回避。

一方面，测谎作为一个心理学实验，不可避免地会存在实验误差；另一方面，测谎师又会通过各种各样的方法，努力将测谎过程中可能出现的误差降至最低。

案件承办人办理案件，讲求的是证据间的相互印证；而测谎师办理测谎案件，讲求的则是测谎结果间的相互印证。

通过印证测试，实现测谎结果间的相互印证，本身就是一种降低测谎误差的有效方法。

举个例子。

某商店发生了一起抢劫案，甲、乙、丙三名嫌疑人随后被抓获归案。

在接受讯问的过程中，甲、乙二人均供述，该抢劫行为是三人共同谋划实施的，并且三人事先对具体的分工也做了详细的安排。而丙则始终坚称，自己对于甲、乙二人所实施的抢劫行为事先并不知情，甲、乙二人并未提前跟其打过招呼，也从没有告知其当天到该商店是要实施抢劫。丙表示，当甲、乙二人在商店内实施抢劫时，自己也被这突如其来的变故吓了一大跳，但看到店员已经报了警，这才稀里糊涂地跟甲、乙二人一起逃离了现场。

那么，丙究竟有没有参与这起抢劫案的谋划与实施呢？在这起案件中，测谎师可以在条件允许的情况下对三人分别进行测谎，即印证测试。

测谎师首先对甲进行了测谎，测谎结果显示甲在这一问题上的供述是真实的。

接下来，测谎师对乙进行了测谎，测谎结果显示乙在这一问题上的供述也同样是真实的。

最后，测谎师对丙进行了测谎，测谎结果显示丙在这一问题上的供述是虚假的。

至此，三名案件当事人的测谎结果之间形成了相互印证，测谎结果的解释更具有唯一性，测谎结论的准确性得到了进一步的保障。

接下来，我们再来看印证测试的另一个必要性。

从理论上来说，针对某一具体问题，如果被测人的测谎结果为"诚实"，则表明被测人在该问题上的陈述内容与事实相符。换句话说，被测人在该问题上的表述应当为事实。但在测谎实践中会存在另一个问题，即被测人本身的感知信息与记忆内容可能会出现错误。这种情况是可能出现的。

在这种情况下，尽管被测人如实陈述了自己在案发当时的所见所闻，但由于其感知信息与记忆内容本身存在错误，仍会导致被测人的陈述内容与事实存在偏差。

在这种情况下，印证测试的必要性就会得到明显的体现。

举个例子。

被害人酒醉后与三名嫌疑人发生冲突，后被人发现已在宿舍内死亡。

本案存在三名嫌疑人及两名目击证人。其中，三名嫌疑人甲、乙、丙的供述各异，而两名目击证人丁与戊所提供的证言也存在不同程度的出入，这无疑给案件事实的判断带来了困难。鉴于此，案件承办人将本案委托到测谎实验室。

通过查阅卷宗与走访现场，测谎师对本案中多名当事人的口供内容分别进行了认真梳理。在充分准备的基础上，测谎师对嫌疑人甲、嫌疑人乙、嫌疑人丙、目击证人丁和目击证人戊分别进行了测谎。

通过对五人的测谎结果进行综合分析，案件事实得到了还原。目击证人丁在接受测谎过程中，也终于放下了顾虑，不再像先前那样坚称自己没有看到具体状况，而是如实陈述了自己在案发当时看到的真实情形。目击证人丁所陈述的内容，也进一步印证了对三名嫌疑人的测谎结果。

值得一提的是本案的另一名目击证人戊。尽管证人戊进行了认真的回忆，并且如实陈述了自己在案发当时看到的具体情形，但由于其在案发当时对于某些事物存在先入为主的错觉，因此在一些具体情节上，证人戊的感知信息和记忆内容出现了一定程度的偏差。

借助印证测试则有效地避免了因为某一被测人感知信息与记忆内容出现错误而导致对案件事实的判断出现偏差。

最后，印证测试在测谎实践中的另一个重要作用，在于其能够帮助诚实者以更好的状态顺利通过测谎，同时有效诱发说谎者更为明显的说谎反应。

在进行印证测试的过程中，测谎师有时会在正式测谎开始之前对被测人讲这样一段话：

测谎的目标在于弄清事实，是对事不对人的。出于对这件事情的认真负责，在对你进行测谎之前，我们已经对另外几人进行了有针对性的测谎。如果你所说的为真话，那么在今天的测谎过程中，你不需要有丝毫的紧张与顾虑，你应当相信我，你的测谎结果一定会与其他几人的测谎结果相互印证，从而顺利地通过今天的测谎，证明你自己的诚实与清白；相反，如果你所说的是假话，那么同样，我希望你不要再有丝毫的侥幸心理，因为你的测谎结果必然会与其他几人的测谎结果相互印证，从而使你的谎言完全暴露在我的面前。

在印证测试中，测谎师的这段告知对于诚实者来说无疑是一颗定心丸。在接受正式测谎之前，诚实的被测人或是出于对专业测谎原理与程序的陌生，或是担心测谎师对自己持有不当的偏见，常常会产生一定程度的焦虑与紧张。但在测谎师进行这段告知后，诚实的被测人一方面清楚自己所说的内容为真，另一方面意识到既然测谎师除对自己进行测谎外，也会对知晓案情的其他几名案件当事人进行测谎，那么通过对几人测谎结果的综合分析，自然能够进一步明确自己所说为真。鉴于此，诚实的被测人会逐渐放下先前存在的顾虑与担忧，以更好的状态接受测谎，并更加顺利地通过测谎。

对于说谎者来说，情况则完全不同。在接受正式测谎之前，说谎的被测人或是出于对自己谎言内容周全性的自信，或是出于对测谎师专业能力与测谎技术精确性的低估，有时会存在一定程度的侥幸心理，妄图蒙混过关。但在测谎师进行这段告知后，说谎的被测人一方面清楚自己所说的内容为假，另一方面会意识到既然测谎师会同时对其他几名案件当事人进行测谎，那么如果自己的陈述内容存在明显的纰漏，或是与其他案件当事人的测谎结果之间存在无法解释的矛盾，自己的谎言将会面临被当场戳穿的危险。鉴于此，在正式测谎的过程中，说谎者的认知负荷明显加重，说谎诱发的情绪强度显著增强，谎言的破绽也随之更加清晰地展现在测谎师面前。

特许谎言：模拟研究与真实情境

现场研究，又称实案研究，是测谎研究中的一种重要方法。

该种方法基于实案中被测人的测谎结果开展研究，因而具有很高的外部效度。

所谓外部效度，是指脱离了研究情境后，研究结果还能够成立的程度。如果外部效度高，则该研究结果能够较好地推广到研究情境之外的其他情境中；如果外部效度低，则该研究结果不能较好地推广到研究情境之外的其他情境中。

尽管如此，测谎领域中的现场研究仍存在一个不足，那就是有时会在确立“基本事实”方面存在一定的困难。鉴于此，测谎领域的研究者会开展模拟研究，以弥补现场研究存在的不足。

在典型的模拟研究中，研究者会事先安排一部分被试实施“模拟犯罪”（如到一个指定的房间中偷偷拿走一些现金，或是一枚戒指，或是其他特定的物品），并告诫这部分被试，在随后进行的测谎过程中，绝对不能向测谎师透露任何“犯罪”的细节，或是承认自己实施了“犯罪”。而另一部分被试则会被安排去做一些无关性的任务，并没有实施任何“模拟犯罪”。

换句话说，在模拟研究正式开始之前，研究者就已明确知道“谁是有罪的，谁是无罪的”这一基本事实。这就从根本上解决了现场研究在确立基本事实方面可能会遇到的困难。

同时，在模拟研究中，研究者会告知实施了“模拟犯罪”的被试，如果其能够不被测谎仪发现，顺利通过测谎，那么将会得到一些奖励（如数额很小的报酬，或是较高的课程成绩）。在部分模拟研究中，研究者还会告知未实施“模拟犯罪”的被试，如果其没有通过测谎，被误认为说谎，那么将会受到一些惩罚。但受到实验伦理和道德的约束，即使对被试施加惩罚，这种惩罚的力度也是十分轻微的。

简言之，研究者希望尽可能地将“模拟犯罪”向“真实犯罪”靠拢。同时，与现场研究相比，模拟研究也能够更加方便地对测谎过程中的一些误差进行控制与消除，从而进一步提高研究的内部效度。

所谓内部效度，是指实验自变量与因变量之间因果关系的明确程度。如果内部效度高，则实验自变量与因变量之间的因果关系明确，研究结果有且只有一种解释；如果内部效度低，则实验自变量与因变量之间的因果关系是不明确的，研究结果存在不止一种解释。

尽管如此，对于测谎的模拟研究，仍存在一些质疑的声音。其中一个重要的原因在于，模拟研究中的谎言，是一种**“特许的谎言”**。

之所以称其为“特许的谎言”，是因为模拟研究中的谎言是研究者“特别许可”的一种谎言。换句话说，这是研究者“要求”被测人编造的谎言。对于被测人而言，其本身或许并无编造谎言的强烈意愿。

鉴于此，模拟情境中“特许的谎言”存在的一个重要问题，就是说谎者在说谎过程中伴随诱发的说谎情绪与真实的说谎情境存在差异。

按照谎言心理学的观点，个体在说谎的过程中往往会有三种情绪的产生，这三种情绪分别是“欺骗的罪恶感”“担心谎言被识破的恐惧感”和“欺骗的兴奋感”。

先来看“欺骗的罪恶感”。

在大多数情况下，说谎本身是一种不道德的行为，说谎者在说谎的过程中也会伴随不同程度的羞愧内疚与良心不安。这种内疚与不安的程度越强，谎言就变得越容易识别。

在“特许的谎言”中，被测人通常会认识到，尽管自己要在面对测谎师时说谎，但从本质上来看，自己只不过是在参与一项实验研究，甚至是在做一件“好事”。自己要做的，就是尽力配合好研究人员的工作。并且，不论是实施偷拿现金、戒指等“模拟犯罪”，还是在面对测谎人员时说谎，都并非出于自己的本意或是道德缺失，而是由研究者安排并经研究者“认可”才做出的行为。鉴于此，模拟研究中的被测人在说谎过程中，很可能不会被诱发明显的罪恶感。

再来看“担心谎言被识破的恐惧感”。

说谎者在说谎的过程中，总是会考虑谎言被识破后需要承担的后果。说谎的后果越严重，说谎者所体验到的恐惧感越强，谎言就更容易被识别出来。

在“特许的谎言”中，被测人明确知晓，即使自己的谎言被测谎人员发现，也不会受到严厉的惩罚，更不需要承担严重的后果。正如前文所提到的，尽管在部分模拟研究中，研究者或许会告知被测人如果谎言被发现，自己将会受到一定的惩罚，但受实验研究道德与伦理的约束，即使对被试施加惩罚，这种惩罚的力度也应当是十分轻微的。事实上，被试对此也是心知肚明的。鉴于此，模拟研究中的被测人在说谎过程中，很可能不会被诱发明显的恐惧感。

最后来看“欺骗的兴奋感”。

“恐惧感”与“罪恶感”是说谎所诱发的两种负面情绪，但说谎的同时也可能会诱发正面情绪，那就是“欺骗的兴奋感”。当说谎者在说谎过程中出现强烈的兴奋感时，谎言的识别将变得困难，说谎在某种程度上会变为一段“表演”。

有学者指出，在模拟研究中，诚实者可能不会体验到三种情绪中的任何一种，而说谎者可能在一些情况下仅体验到“兴奋感”这一种情绪。鉴于此，一方面，模拟研究对于发展测谎技术具有重要意义；另一方面，模拟研究所得到的结果应当谨慎应用于真实的测谎实践之中。

自利性偏差：真假之间的“灰色地带”

甲在搭乘黑车的过程中，因车费问题与黑车司机乙发生冲突。

乙报案称，自己当天搭载了乘客甲。甲拒付车费，乙因此停下车，要求甲下车。甲恼羞成怒，下车后打开乙的车门，将乙拽下车后，与乙进行扭打。在扭打过程中，乙左手的小指被甲掰至骨折。

然而甲到案后，却给出了另一套完全不同的说法。

为了帮助判断甲、乙二人的说法究竟孰真孰假，案件承办人将本案委托到了测谎实验室。

以下是测谎师在测前谈话阶段与甲的部分对话。

测谎师：当时是什么时间？

被测人：大约是中午十一点钟吧，我准备回家，因为地方特别偏，不好叫出租车，所以就拦了一辆黑车。

测谎师：你拦车时，车上还有其他人吗？

被测人：有，还有一个男的。

测谎师：你在上乙的车之前，跟他谈好价钱了吗？

被测人：谈好了。当时他说先送那个男乘客，然后再送我。那个男的给他四十块车费，我给他二十块车费。我答应了，然后就上了车。

测谎师：你为什么跟他起了争执？

被测人：因为他开到半路，突然跟我要四十块车费。我说咱们不是说好了，那个乘客给你四十块，我给你二十块吗？他说你这里的路又偏又不好走，我要你四十块不多。

测谎师：当时另一名乘客还在车上吗？

被测人：没有，那名乘客当时已经下车了。

测谎师：你接着讲。

被测人：我那天身上碰巧只带了二十块钱。然后我就说，我身上的钱不够，能不能通融一下。他听完之后，就在路边把车停住了。他就开始骂骂咧咧的，骂得挺难听。然后他跟我说钱不够那就只能给我拉到这里了。我一看这周围还是树林子，前不着村后不着店的，真要在这儿下了车，我也没法回家。我就说兄弟真的不好意思，不过您也不能把我扔在这儿，您就当帮个忙送我一下。

测谎师：你接着讲。

被测人：然后他突然就停下车，催我下车。他推开驾驶室的门就下了车，打开后座的门，探进身来伸手就要拽我的衣领子。

测谎师：他打开的哪个车门？

被测人：当时他是打开了右后方的车门，伸进左手来拽我的衣领子。我往旁边一躲，他左手就掐住了我的右胳膊，他就使劲儿往外拽我，要把我拉下车。正在这时，我听到他突然“哎哟”一声，然后捂住左手叫了起来。我当时懵了，也不清楚是怎么回事。

……

简言之，在面对测谎师时，甲坚称，自己当时并未与乙扭打在一起，乙左手小指骨折也不是自己造成的。

事实上，甲所说是真实的。但在这段陈述中，有两个细节需要引起注意。

第一，在这段陈述中，甲省略了一个重要细节。

具体来说，甲在车内与乙针对车费问题进行争论，之后甲对乙破口大骂，并且将一口痰吐在了车内。正是甲的这一行为，使得乙在气愤之下停住了车，并打开汽车后门企图强行拉拽甲下车。而在甲的叙述中，并未提及这一情节。相反，从甲所表述的内容来看，其始终在尝试与乙进行心平气和的沟通，但最终被蛮横无理的乙拽下了车。

第二，在这段陈述中，甲夸大了一个重要细节。

具体来说，在乙要求将车费涨到四十块时，甲表示自己身上没有带那么多钱，接下来乙进行了几句埋怨，但并未对甲进行辱骂。而在甲的陈述中，却表示乙在听到自己身上没带多余的钱时，就开始辱骂自己，并且骂得特别难听。

那么，这些被省略的细节和被夸大的细节，到底算不算得上是谎言？

至少，对于甲本人来说，自身很可能并不认为这是谎言。

> “我并没有说谎，我只是在为自己辩护。夸大一些对自己有利的情节，省略一些对自己不利的情节，这是所有人都会做的事情。没有人会百分之百真实地陈述所有事实，也没有人去恶意地虚构和编造事实。”

在心理学上，这被称为**“自利性偏差”**。

所谓自利性偏差，又被称为“自我服务偏差”，是指当我们在加工与自我相关的信息时，会出现一种潜在的偏见。我们常常会从好的方面来看待自己，当出现错误或者失败时，我们会对自己进行开脱，把责任推给别人。

来看下面这段描述：

“那天晚上我在开车回家的路上，突然下起了大雨。我从××路那里左拐进了小道，还有两三公里就能到家了。那条小道两边的路灯有点暗，我开的速度也不快。突然我感到前面闪了一下，好像是什么东西反了一下光，我猛地反应过来，那可能是一把伞。于是我赶紧踩了一脚刹车，但是已经晚了，那个人一下子出现在了车前面，撞在了我的车上，然后飞了出去。”

这是一起交通肇事案件中，嫌疑人对事发当时的描述。

事发当时，嫌疑人驾驶车辆，因没有及时注意到在马路边行走的被害人，将被害人从背后撞飞，造成了被害人当场死亡。

但嫌疑人的这段描述值得品味。具体来说，嫌疑人并没有这样描述：

“我没有注意到那个人，我的车撞到了他，他被撞飞了。”

相反，嫌疑人是这样描述的：

“那个人一下子出现在了车前面，撞在了我的车上，然后飞了出去。”

在前一种描述中，是汽车撞到了被害人，而在后一种描述中，似乎是被害人撞在了汽车上。尽管本案的被害人并不存在过错，但后一种说法中所隐含的意思，似乎是被害人的“突然出现”和“主动撞到汽车”使得嫌疑人“措手不及”，这才导致被害人受重伤死亡。

两种描述中的细微差别，透露出的是个体在造成错误或遭遇失败时，总是会试图将过错与责任推向他人与外部因素的一种固有倾向。

自利性偏差在日常生活中同样有着方方面面的体现，比如，员工往往会将取得的成就归功于自己的努力，而将自己所犯的错误归咎于运气不佳；老板往往会将公司的利润增长归功于自己的管理才能，而将公司的利润下降归咎于员工的不负责任；夫妻双方常常都认为自己为这个家付出的更多，而认为对方为家庭付出的较少。

在司法实践和测谎实践之中，自利性偏差的一个重要体现，就是案件当事人或被测人在陈述中对与自我相关的内容进行选择性忽略、添加和夸张。这种选择性的忽略、添加和夸张，固然并非对事实的百分之百还原，却也很难达到恶意虚构、编造事实的程度，并且陈述者在很多时候也认为叙述时的自利性偏差并非说谎。

从某种程度上来说，自利性偏差是真话与假话之间的一个**“灰色地带”**。

与自利性偏差高度关联的另一个概念，则是**“虚假同感偏差”**。

“虚假同感偏差”，也称“虚假普遍性”，是一种与“自我形象维护”相关的心理学效应。简单来说，“虚假同感偏差”是指我们常常会过高地估计自己的信念、判断与行为的普遍性，过分地高估他人会像我们一样思考和行事的程度，或是过分地高估他人对我们观点的赞同程度。

关于“虚假同感偏差”，心理学家曾经进行过这样一项实验。在这项实验中，研究者询问被试是否愿意佩戴一个巨大的广告牌在校园中闲逛一段时间。实验之前，被试被告知可以在这项研究中学到一些有用的东西，以此作为其行为的唯一动机。如果被试不愿意佩戴广告牌在校园中闲逛，那么他们可以拒绝做出这一行为。

这项研究的结果表明，无论是同意佩戴广告牌在校园中闲逛的被试，还是拒绝佩戴广告牌在校园中闲逛的被试，均认为有三分之二的学生会做出与他们相同的行为反应。但这是错误的。

“虚假同感偏差”在工作和生活中处处有所体现。比如，某人长期抽烟，那么他往往会高估抽烟的人数；某员工对领导心怀不满，那么他可能会认为其他同事也对这位领导心怀怨言；某人在人际交往的过程中多疑敏感，那么他可能会认为其他人也对自己高度戒备。

在司法实践与测谎实践中，“虚假同感偏差”的一个重要体现，就是一些案件当事人或被测人会持有这样的观点：

没有人会百分之百完整地陈述事实。每个人都会像我一样，省略一些情节，夸大一些情节，然后添加一些情节。这没什么奇怪的。

除此之外，一些心理学家提出，“自利性偏差”将可能在某些情况下诱发记忆歪曲，这可能会造成更加严重的后果。

举个例子。

测谎师：当时有几个人在场？

被测人：算我在内，一共六个人。

测谎师：都是哪六个人？

被测人：我、我哥和嫂子、我父母、我大伯。

测谎师：哪些人起了冲突？

被测人：我父亲和我大伯起了冲突。

测谎师：因为什么起的冲突？

被测人：因为停车的问题。其实也不主要是因为这件事，还有其他原因，主要还是因为去年我爷爷把房产留给了我父亲。从那之后，我们家人跟大伯的关系就一直很僵。

测谎师：你把那天发生冲突的过程讲一下。

……

被测人：我一看这架势，两个人就要动上手了。我觉得毕竟都是亲戚，怎么着也不能动手。于是我就在旁边劝他俩，我说都消消气，大伯年纪也这么大了，我还催我哥抓紧去把车挪走。

……

事实上，在案发当时，被测人站在嫌疑人与被害人旁边，有心劝阻，但并没有进行明确的言语上的劝阻。尽管被测人对这一情节的描述与事实存在一定的出入，但也并非典型的恶意虚构、编造事实，很大程度上是被测人一种自利性偏差的体现。而在进行多次陈述的过程中，随着时间的流逝，被测人的自利性偏差是否会诱发记忆的歪曲，是需要引起测谎师充分注意的。

犯罪隐蔽情节测试：关注“假阳性错误”

犯罪隐蔽情节测试法，是测谎领域中一种重要的测谎范式，在测谎实践中被广泛使用。

在许多说谎心理学方面的书籍中，都可以见到对隐蔽情节测试法的详细介绍。关于隐蔽情节测试法的研究，常常是事先设置好一些特殊的场景，然后要求被试进入这些特殊的场景进行“模拟犯罪”。

比如，被试A、被试B与被试C被安排参加实验。研究者单独告知被试A，要求被试A找到某一房间并进入房间，取走放在床头柜中的一个信封，然后迅速离开现场。换句话说，研究者安排被试A进行了一次“模拟犯罪”。而对于被试B与被试C，研究者则只要求二人从事一些其他任务，并未安排二人进行“模拟犯罪”。

随后，三名被试被告知，在三人参加实验的这段时间内，一个重要的信封被人盗走了，信封里装有一份秘密文件，现在要来调查是谁拿走了这个信封。同时，研究者会告知被试A，在面对调查人员的询问时，要始终否认该信封是被自己拿走的。

在这一具体情境之中，使用犯罪隐蔽信息测试法是一个不错的选择。具体来说，这一“模拟犯罪”中存在一些较高质量的隐蔽信息，如房间的号码（408号）、信封所放的位置（床头柜）、信封的颜色（蓝色）等，均可以被用来进行测谎问题的编制。

问：那份文件是从哪个房间被人拿走的？

答：不知道。

问：是404房间吗？

答：不知道。

问：是405房间吗？

答：不知道。

问：是406房间吗？

答：不知道。

问：是407房间吗？

答：不知道。

问：是408房间吗？（目标选项）

答：不知道。

问：是409房间吗？

答：不知道。

问：是410房间吗？

答：不知道。

……

问：那份文件原先被放在什么位置？

答：不知道。

问：是在沙发上吗？

答：不知道。

问：是在保险柜里吗？

答：不知道。

问：是在桌子上吗？

答：不知道。

问：是在床头柜里吗？（目标选项）

答：不知道。

问：是在枕头下面吗？

答：不知道。

问：是在公文包里吗？

答：不知道。

……

问：装文件的信封是什么颜色的？

答：不知道。

问：信封是红色的吗？

答：不知道。

问：信封是白色的吗？

答：不知道。

问：信封是黄色的吗？

答：不知道。

问：信封是蓝色的吗？（目标选项）

答：不知道。

问：信封是黑色的吗？

答：不知道。

问：信封是粉色的吗？

答：不知道。

……

对于被试A来说，由于其本身实施了“模拟犯罪”，因此对于“模拟犯罪”过程中的相关隐蔽信息很可能存在清晰的心理痕迹。鉴于此，在对上述问题进行回答的过程中，被试A很可能在对目标选项回答“不知道”时，出现生理指标的显著异常变化。而生理指标的这种异常变化，即表明被试A对于这些相关隐蔽信息存在知情。换句话说，被试A与信封失窃事件存在关联。

对于被试B与被试C来说，由于其对于“模拟犯罪”过程中的相关隐蔽信息并不存在心理痕迹。因此，无论是406房间、407房间、408房间，还是白色信封、红色信封、蓝色信封，在其看来并不存在任何实质性的差异，对每个问题回答“不知道”时的生理指标也不会出现显著的异常变化。换句话说，被试B、被试C对于这些相关隐蔽信息并不知情，与信封失窃事件也并不存在关联。

以上，是犯罪隐蔽情节测试法的一个具体应用的例子。当然，在类似的研究中，研究者为了避免其他实验误差的存在，通常会设置较为简单的“模拟犯罪”过程。但真实的测谎案件远比实验中的“模拟犯罪”要复杂得多。

假阳性错误与假阴性错误的大小，是评价一种测谎范式可靠性与准确性的重要考量因素。国内外相关的测谎实证研究也会在研究结果中单独列出假阳性错误与假阴性错误的数值大小，以确保对该种测谎范式的可靠性与准确性进行更加全面的评价。

所谓假阳性错误，是指统计学上的I类错误，也被称为“弃真”错误。具体到测谎领域，简单来说就是指测谎结果将“诚实”错判为“说谎”。所谓假阴性错误，是指统计学上的II类错误，也被称为“纳伪”错误。具体到测谎领域，简单来说就是指测谎结果将“说谎”错判为“诚实”。

一方面，对于每一种测谎范式来说，设计、操作与控制不当，都可能造成假阳性错误或假阴性错误的出现。但另一方面，对于不同的测谎范式来说，出现假阳性错误或假阴性错误的原因又往往不尽相同。鉴于此，测谎师在选择某一测谎范式进行测谎思路设计的过程中，都会慎重考虑可能会产生假阳性错误与假阴性错误的风险因素，以避免测谎结果出现偏差。

实践中，几个原因可能会导致测谎师在使用犯罪隐蔽情节测试法的过程中出现假阳性错误。在这一部分，我们将从四个方面来对容易造成犯罪隐蔽情节测试法假阳性错误的原因进行讨论。

造成隐蔽情节测试法出现假阳性错误的第一个常见原因，来自**被试方面的“被测人遭受心理污染”**，即被试在接受隐蔽信息测试法测谎之前，心理信息遭受了污染。

所谓被测人遭受心理污染，是指尽管被测人是作案人或参与者之外的无辜者，却仍通过其他途径获取到了案件中的关键隐蔽信息，并形成了相应的心理痕迹。此时，尽管无辜者对于案件中的关键隐蔽信息存在相应的心理痕迹，但这种心理痕迹并非基于作案经历本身而形成的犯罪心理痕迹。

准确来讲，被测人心理信息遭受污染，本身并不会造成假阳性错误。只有当被测人明知自身遭受心理污染，却在测谎师进行询问时否认这一情况时，才可能会造成假阳性错误的出现。

“假装未被污染的被测人”是测谎实践中的一个较为常见，但在理论研究中较少涉及的问题。关于“假装未被污染的被测人”如何导致假阳性错误的产生，以及测谎师应当如何进行有效的识别与应对，笔者将在后面的文章中进行专门阐述。

造成犯罪隐蔽情节测试法出现假阳性错误的第二个常见原因，来自**主试方面的“罗森塔尔效应”**，即作为主试的测谎师在对被测人进行正式测谎之前，形成了不恰当的主观期望。在使用犯罪隐蔽信息测试法的过程中，测谎师在这种不恰当的主观期望的作用下，通过言语与非言语方面的无意识表现与被测人产生了微妙的互动，从而对测谎结果的准确性造成了不确定性的影响。

举个例子。

某地发生一起命案，被害人在与歹徒搏斗的过程中，被一把锐器刺入了大腿。歹徒逃离现场，被害人最终因为失血过多而死亡。很快，一名犯罪嫌疑人被抓获归案。但这名嫌疑人坚称自己对这件事情一无所知，真凶另有其人。

为了明确这名嫌疑人究竟是不是真正的作案人，案件承办人委托测谎师对其进行测谎。其中一套测谎题目是这样的：

作案人扎了被害人的什么部位，你知道吗？

作案人是扎了被害人的脖子吗？

作案人是扎了被害人的胸部吗？

作案人是扎了被害人的后背吗？

作案人是扎了被害人的大腿吗？（目标选项）

作案人是扎了被害人的面部吗？

作案人是扎了被害人的腹部吗？

……

本案的作案人只扎了一刀，并且这一刀的力度极大，几乎穿透了被害人的大腿。鉴于此，本案的作案人对于被害人被扎伤的具体部位，很可能会保留相对清晰的犯罪心理痕迹。鉴于此，如果这名被测人是真正的作案人，那么他在对“作案人是扎了被害人的大腿吗”回答“不知道”时，生理指标应当会出现显著的异常反应。

在正式测谎阶段，测谎师的提问和被测人的回答如下。

问：作案人扎了被害人的什么部位，你知道吗？

答：不知道。

问：作案人是扎了被害人的脖子吗？

答：不知道。

问：作案人是扎了被害人的胸部吗？

答：不知道。

问：作案人是扎了被害人的后背吗？

答：不知道。

……

此时测谎师意识到，真正的作案人在回答接下来的这个问题时，会出现生理指标的异常反应。

于是，测谎师接着向被测人发问：

“作案人是扎了被害人的大腿吗？”

关于该名被测人是否为真正的作案人，如果测谎师在先前的测谎过程中，依据已经获得的信息形成了一定的内心预判和主观期望，那么这可能会对作为主试的测谎师产生一些微妙的影响。

比如，在向被测人发问“作案人是扎了被害人的大腿吗？”时，测谎师语调的高低可能会发生变化，测谎师发问的速度可能会发生变化，测谎师目光的方向也可能会发生变化。而测谎师这些细微的变化，又可能对被测人的反应产生不恰当的影响。

这是一个虚构的例子，目的就是强调一点：

对于测谎师来说，一定要对罗森塔尔效应保持高度警惕。否则，就很可能会在不知不觉之中掉入“假阳性错误”的陷阱。

造成犯罪隐蔽情节测试法出现假阳性错误的第三个常见原因，来自**问题设计方面的“问题强度失衡”**。

对于犯罪隐蔽情节测试法而言，在问题编制方面存在两个基本原则。我们以本文开头“模拟犯罪”中的部分题目为例进行说明：

问：装文件的信封是什么颜色的？

问：信封是红色的吗？

问：信封是白色的吗？

问：信封是黄色的吗？

问：信封是蓝色的吗？（目标选项）

问：信封是黑色的吗？

问：信封是粉色的吗？

……

其一，在犯罪隐蔽信息测试法中，每一套题目中问题的数量不得低于一定的下限。比如在上例中，测谎师针对信封的颜色设置了一套题目，并分别对被测人进行发问。

这一原则的必要性显而易见。如果问题的数量过少（如针对信封仅仅设置了“红色”和“蓝色”两种颜色），那么被试B与被试C因偶然性因素而在“蓝色”上出现特异性反应的概率将会明显提高，出现假阳性错误的概率也会随之提高。而通过设置一定数量的问题（如五个问题以上），再配合多遍测试与变换发问，可以在相当程度上降低假阳性错误的出现概率。

其二，在犯罪隐蔽信息测试法中，每套题目中的各个问题在知情者之外的其他人看来，应当不存在任何实质性的区别。比如在上例中，测谎师针对信封所设置的六种颜色，在被试B与被试C看来即不具有任何实质性差异。

测谎实践中，这一原则有时也被通俗地概括为各问题在编制与设计上需要“保持强度平衡”。

来看下面这套题目：

“那个人摸了小女孩的什么部位，你知道吗？”

“那个人是摸了小女孩的头吗？”

“那个人是摸了小女孩的手吗？”

“那个人是摸了小女孩的肩膀吗？”

“那个人是摸了小女孩的后背吗？”

“那个人是摸了小女孩的下体吗？”（目标选项）

……

在这个例子中，该套题目中几个问题的设计即存在需完善之处。比如，五个问题在情绪唤醒的强度等方面存在一定的失衡，目标选项（下体）的情绪唤醒强度高于其他四个选项（头、手、肩膀、后背）。这带来的直接后果是，即使是对本案并不具有犯罪心理痕迹的无辜者，也可能会因为各问题本身在情绪唤醒强度上的失衡，而在对目标选项进行否定回答时出现一定程度的异常生理指标变化，进而可能会导致假阳性错误的发生。

再看下面这套题目：

“作案人约被害人出去，目的是什么，你知道吗？”

“是补课吗？”

“是吃饭吗？”

“是参加聚会吗？”

“是要杀被害人吗？”（目标选项）

“是看电影吗？”

……

该套题目中几个问题的设计同样存在需完善之处。比如，五个问题在情绪唤醒的强度等方面同样存在明显的不平衡，目标选项（杀被害人）的情绪唤醒强度显著高于其他四个选项（补课、吃饭、参加聚会、看电影）。同样，即使是对本案并不具有犯罪心理痕迹的无辜者，也可能会因为各问题在情绪唤醒强度上的不平衡，而在对目标选项进行回答时，表现出异常的生理指标变化。

诚然，在通常情况下，设计出一定数量的问题选项并不是一件困难的事，但在一些特定的案件情境中，有时确实会存在一些困难。尽管如此，在这里笔者仍想要强调一点，那就是：

无论是要求每套题目中的问题数量不得低于一定下限，还是规定每套题目均须经过多次的变换测试，这些看似硬性的“标准”，其根本目的都是尽可能地控制和减小测谎过程中出现的实验误差。如果在测谎过程中，一味地为了使每套题目中的问题选项数量满足下限要求，导致各问题在情绪唤醒的强度等方面出现显著差异，那么这其实是一种本末倒置的做法，因为这反而使得测谎过程中的实验误差被放大，违背了这些“要求”与“标准”的初衷。

造成犯罪隐蔽情节测试法出现假阳性错误的第四个常见原因，来自**其他方面的“案件个性化因素”**。

测谎实践之中，其他方面的某些个性化因素（如被测人的个人经历、特殊经验与职业背景等）有时也会造成犯罪隐蔽情节测试法出现假阳性错误。

下面举两个例子。

第一个例子。

甲因被怀疑参与一起汽车失窃案而被安排接受测谎。在测谎师所编制的测谎题目中，有一套问题是这样的：

你知道被盗的汽车是什么颜色的吗？
是黑色的吗？
是粉色的吗？

是蓝色的吗？

是红色的吗？（目标选项）

是白色的吗？

是黄色的吗？

……

事实上，被偷的是一辆红色汽车。甲本身是一名无辜者，对于被盗汽车的颜色并不存在相应的犯罪心理痕迹。但在被问及“是红色的吗”时，甲却出现了生理指标的显著异常变化。

之所以会出现这一状况，原因其实很简单。具体来说，甲在不久前刚刚购买了一辆红色的汽车。而甲的这段个人经历，诱发了其在对目标选项进行回答时出现异常的生理指标反应。

第二个例子。

一起杀人案，测谎师接受委托对一名嫌疑人进行测试，其中一套题目如下：

你知道作案人用什么杀人的吗？

作案人用的是棍子吗？

作案人用的是匕首吗？

作案人用的是斧头吗？（目标选项）

作案人用的是菜刀吗？

作案人用的是锤子吗？

作案人用的是石头吗？

……

具体到这起案件中，作案人所使用的凶器是一把斧头。被测人本身是一名无辜者，对于作案人所使用凶器这一关键隐蔽情节并不存在相应的犯罪心理痕迹。但在对目标选项进行否定回答时，被测人却出现了生理指标的显著异常变化。原因在于，被测人本身的职业导致其在平日的工作中几乎每天要与斧头打交道，这也诱发了被测人在目标选项上出现生理指标的异常反应。

应当说，被测人的个性化因素在一些特定情境中，确实存在引发假阳性错误的可能。但在测谎实践中，这种情况相对来说并不多见。

在这一部分的最后，笔者依然要再次向读者重申：一方面，我们在本文讨论了造成犯罪隐蔽情节测试法出现假阳性错误的四种常见原因，测谎师应当对其予以重视；另一方面，在测谎实践中，测谎师绝不是仅凭被测人在某一问题上的特异性反应就做出结论。相反，测谎师会借助数套逻辑上高度关联、设计上环环嵌套的数套问题，对被测人进行系统性的测谎，并综合被测人在整个测谎过程中各问题上的反应情况，对被测人的案件涉入程度、记忆痕迹内容、如实陈述与否进行谨慎的评估。

第二章

立足实践：测谎之技巧

一名优秀的测谎师，一定是在办理大量测谎案件的过程中逐渐成长起来的。

实践经验：反常数字的背后

测谎，是一门实践性很强的心理学技术。

测谎师的培养，并非可以通过短期的培训与学习而轻易完成。相反，培养一名合格的测谎师，往往需要一个十分漫长的过程。一个重要的原因在于，测谎师除了要具备扎实的理论功底，还需要具备丰富的实践经验。

测谎师必须不断参与办理各种类型的测谎案件，在办理测谎案件的过程中丰富自身的知识、提升自身的技能、反思自身的不足、凝练自身的经验。换句话说，一名优秀的测谎师，一定是在办理大量测谎案件的过程中逐渐成长起来的。

当然，对于测谎师来说，加强理论层面的学习同样十分重要。毕竟，如果对于测谎在生理心理层面的原理、基础心理层面的理论、实验心理层面的范式、认知心理层面的应用等没有扎实的掌握，而只是一味地追求丰富的实战经验，将会如无源之水、无根之木，最终反而使得自己陷入混乱之中。

简言之，对于测谎师而言，理论功底与实战经验缺一不可。

仅仅关注方法理论而缺少实战效果的验证，最终可能沦为一种“想当然”的“纸上谈兵”；仅仅关注实践经验而忽视理论体系的建构，最终可能使测谎师在实践的过程中越来越困惑。

笔者曾跟随一位老师办理过这样一起测谎案件，并从中受益匪浅。现在对这起案件进行一下改编和简化。

甲被人举报曾为某企业老板在承揽工程上提供了便利，并私下收受了该企业老板所给予的好处。

甲到案后表示，自己在任期间对单位内部进行了大刀阔斧的改革，因此触及了部分人的利益，这次举报的内容也是恶意的诬告陷害。

为了帮助判断甲所说的内容是否真实，案件承办人委托测谎师对甲进行测谎。

经过对甲的正式测谎，测谎师得出了明确的测谎结论：甲的陈述为假。

换句话说，甲确实在该工程项目上收受了企业老板给予的好处。

诚然，在此基础上可以继续向被测人核实收受好处的金额是否为举报人所提到的具体数额，但测谎师并没有这么做。

因为测谎师依据丰富的实践经验，发现了本案中存在这样一个反常之处：具体来说，测谎师在查阅案件材料的过程中发现，举报人所提到的甲在某工程项目上收受好处的数额并非一个诸如十万元、三十万元、一百万元之类的整齐数额，而是一个有整有零的反常数字。

测谎师基于丰富的实践经验，进行了这样的分析：

> 这一反常数字的出现，是否基于甲与企业老板之间事先协商好的具体“返点”比例？

针对这一问题，测谎师设置了相关的题目进行测试。结果显示，甲与企业老板之间确实曾事先协商好具体的“返点”比例。

在此基础上，测谎师将整个工程项目所涉及的相关数额与举报人所提及的甲收受好处的具体数额进行了认真比对，并据此编制了这样一套题目。

问：约定的“返点”比例是多少，你知道吗？

答：不知道。

问：约定的“返点”比例是百分之十吗？

答：不知道。

问：约定的“返点”比例是百分之十一吗？

答：不知道。

问：约定的“返点”比例是百分之十二吗？

答：不知道。

问：约定的“返点”比例是百分之十三吗？

答：不知道。

问：约定的“返点”比例是百分之十四吗？

答：不知道。

问：约定的“返点”比例是百分之十五吗？

答：不知道。

问：约定的“返点”比例是百分之十六吗？

……

简单来说，这是测谎师在有针对性地对案件线索进行探寻与挖掘。

有意思的是，每次在对“约定的‘返点’比例是百分之十二吗”回答“不知道”时，甲的生理指标都会出现显著的异常反应。

换句话说，尽管甲坚称对一切均不知情，但其内心其实十分清楚，这个约定的“返点”比例，就是百分之十二。

这一现象的出现并非偶然。事实上，这个具体的比例，与测谎师将整个工程项目所涉及的具体数额与举报人所提及的甲收受好处的具体数额进行比对后的计算结果恰好一致。

这次测谎取得了很好的效果。一方面，测谎结论清晰地显示了甲所说为假；另一方面，测谎帮助准确锁定了甲与企业老板约定的具体“返点”比例，从而彻底瓦解了甲的侥幸心理。

实践经验对于测谎师的重要性，也在这个例子中得到了充分的体现。

单一主题询问：破解隐瞒式谎言

被测人：我向您保证，我今天一定会如实地陈述事实，不说一句假话。

测谎师：不，今天你要陈述的，不仅要是事实，更要是“完整”的事实，因为不完整的事实就是虚假的事实。现在你要做的，是说真话，只说真话，并且说出完整的事实。

……

测谎实践中，测谎师常常会对被测人进行上述的“完整事实强调”。那么，测谎师如此大费周章地向被测人强调“完整事实”，原因究竟何在?

简言之，是为了避免一种特殊类型的谎言——**“隐瞒式谎言”**。

笔者曾在网络上读到过一些教人如何说谎的文章。事实上，这些文章中所推崇的说谎伎俩，其实就是“隐瞒式谎言”。而在测谎实践中，“隐瞒式谎言”也是测谎师常常会遇到的一类谎言。

“隐瞒式谎言”，本质上是一种误导性的谎言。简单来说，就是通过陈述不完整的事实，来误导信息接收者对事实做出错误的判断，进而实现对信息接收者的欺骗。

先以一个日常生活中的例子进行说明。

甲打算为家里购置一台新洗衣机，导购乙向甲极力推荐一款声称性价比很高的洗衣机。以下，是甲与导购乙的对话。

乙：这款洗衣机现在正在参加活动，折扣力度特别大，您现在购买的话真的非常合适。

甲：这款洗衣机的功能齐全吗？

乙：您放心，功能非常齐全。

甲：嗯，耗电量怎么样？

乙：它的耗电量也是很低的。

甲：清洗起来麻烦吗？

乙：不麻烦，您可以随时清洗，洗衣机本身也自带桶自洁功能，时间长了也可以联系我们的专业服务人员为您进行上门清洗。

甲：好，那我就要这款了。

……

于是，甲把这款洗衣机买回了家，并开始使用。很快，甲发现了一个严重的问题：这款洗衣机在工作时会发出巨大的噪声，这让甲难以忍受。

于是甲找到导购乙询问原因。对此，乙没有表现出丝毫的意外。乙平静地回答甲：

“这款洗衣机本身就有这个噪声大的问题，之前也有用户反映过这个问题，毕竟价位摆在这里嘛。”

显然，乙在向甲推荐这款洗衣机时，内心明知其存在噪声大的重要缺陷，并且这一重要缺陷将直接影响到甲的购买选择。但在向甲进行推荐的过程中，乙并未主动向甲提及这一重要缺陷。

在这个例子中，乙对甲回答的内容本身并不存在虚假信息，但乙并未向甲陈述有关该款洗衣机的“完整”事实，而是有意对部分重要事实进行了隐瞒。乙通过向甲陈述不完整的事实，使甲对整个事实作出了错误的判断，最终成功对甲进行了误导，实施了欺骗。

此处乙所使用的谎言，就是一个典型的“隐瞒式谎言”。

从谎言识别的角度来说，与其他类型的谎言相比，“隐瞒式谎言”具备“一高一低”两个独特的优势。

所谓“一高”，指的是**极高的隐蔽性**。

在这一点上，“隐瞒式谎言”与“虚构式谎言”形成了鲜明的对比。

来看下面这两段对话。

对话一

甲：都快十二点了，你今天怎么回来这么晚？

乙：今晚加班了。

甲：真是辛苦了，快去休息吧。

在这段对话中，甲询问乙晚回家的原因，乙在此处的回答就是一个典型的“隐瞒式谎言”。从乙回答的字面意思来看，似乎是乙一直加班到深夜才回家。但事实是，乙当晚确实曾在单位加班，但仅仅加班到了七点，随后就跟朋友一起去玩儿牌，直到深夜才回家。

对话二

甲：你从这件事中得到了什么好处？

乙：十万块钱的好处费。

甲：十万块钱好处费是谁给你的？

在这段对话中，甲询问乙从“这件事”中得到了什么好处，乙在此处同样使用了一个“隐瞒式谎言”。从乙回答的字面意思来看，似乎乙从这件事中得到的好处费只有十万块钱。但事实上，乙除了得到这十万块钱的好处费，还得到了他人赠送的一处房产。

在上面这两段对话中，乙均是在回答过程中通过有意地隐瞒部分重要事实，成功误导了甲对事实的判断，从而对甲进行了欺骗。然而，甲对于自己被欺骗根本没有任何察觉。“隐瞒式谎言”极高的隐蔽性，由此可见一斑。

所谓“一低”，指的是**极低的罪恶感**。

作为说谎诱发的一种重要负面情绪，罪恶感无疑会大大提高谎言暴露破绽的可能性。但在这一方面，“隐瞒式谎言”却存在特殊的优势。当说谎者在使用“隐瞒式谎言”时，几乎不会体验到任何罪恶感。

一个重要的原因在于，这类说谎者并未以主动的方式进行谎言的编造，其所陈述的内容本身均是真实的，并不存在编造的谎话。比如，在上面的对话一中，乙在当晚确实加了班；在对话二中，乙在“这件事”上确实收受了十万块钱的好处费。

在笔者参与办理的测谎案件中，许多说谎者甚至认为，通过有意陈述不完整的事实来使倾听者对事实产生错误的判断，并不能算是说谎。

“我所说的每一句话都是真的，我根本没说假话。”

说谎者在编造隐瞒式谎言的过程中，有时几乎不会体验到任何罪恶感。

接下来，我们关注另一个更为重要的问题：

如何才能准确地发现和破解“隐瞒式谎言”？

首先，正如前文所提到的，在与被测人谈话的过程中，对被测人进行“完整事实强调”是很有必要的。

其次，坚持**“单一主题询问”**，也是解决该问题的一种非常有效的方法。

来看下面这段对话。

问：案发那天晚上，你去了哪里？

答：我去了酒吧。

问：哪个酒吧？

答：情缘酒吧。

问：你去情缘酒吧干什么了？

答：喝酒。

问：你自己一个人去的，还是有其他人一起？

答：跟我朋友一起。

问：都是谁？

答：部门里的一个同事。

问：这个同事叫什么名字？

……

乍一看，这段对话中的询问者对被询问者进行了深入细致的询问。但事实上，这段询问其实是存在问题的。

这是因为，询问者在询问过程中出现了**“询问主题偏离”**。

具体来说，在这段对话中，询问者首先询问案发当晚被询问者去了哪里，但在针对这一问题的询问还没有完成的情况下，询问者就在被询问者的引导下，针对下一个问题开始了询问，即被询问者去酒吧做了什么。同样，在针对这一问题的询问仍没有完成的情况下，询问者又针对下一个问题继续开始了询问，即被询问者跟谁一起去了酒吧。而针对这一问题的询问也还未完成，询问者又开始询问该同事的名字。

询问主题不断发生偏离，无疑为“隐瞒式谎言”提供了绝佳的容身之所。

事实上，上面这段对话中的询问者，已经在不知不觉中掉入了“隐瞒式谎言”的陷阱之中。

下面，我们遵循“单一主题询问”，来重新进行询问：

问：案发那天晚上，你去了哪里？

答：我去了酒吧。

问：除了酒吧，那天晚上你还去其他地方了吗？

答：我还去了一个朋友的家。

……

问：那么，除了刚才你跟我说的这些之外，案发那天晚上，你还去过其他地方吗？

答：还回了一趟我家的老房子，是后半夜的时候了。

问：这些就是你那天晚上去过的所有地方了，是吗？

答：是。

问：那天晚上你没有再去过其他地方了，是吗？

答：是。

问：好，现在我们从酒吧的事情开始说。

答：嗯。

……

通过对比上面这两段对话，读者会发现：当被问及案发当晚的去向时，被询问者回答称去了酒吧，但被询问者在这里其实使用了一个“隐瞒式谎言”。具体来说，被询问者有意陈述了不完整的事实，并希望通过这种“隐瞒式谎言”来误导被询问者认为自己在案发当晚只是去过酒吧，从而排除自己的嫌疑。在第一段对话中，由于询问者出现了“询问主题偏离”，因而在询问过程中并没有能够及时发现被询问者的这一“隐瞒式谎言”。但在第二段对话中，由于询问者使用了“单一主题询问”，因此被询问者的“隐瞒式谎言”被清楚地揭露出来，最终陆续承认案发当晚自己曾经去过酒吧、同事家、老房子等多个地点。

麦克白效应：反常的清洗行为

来看下面一段对话。

测谎师：你是什么时候来这里的？

甲：今年三月初的时候过来的。

测谎师：有其他人跟你一起吗？

甲：我跟我的一个亲戚一起来的，他说给我在这里介绍了一份工作，能挣钱。我当时想着能在这里挣点钱寄给家里，结果从三月到现在，我一分工钱也没拿到。

……

测谎师：按照你的说法，在那起案件发生之前，你曾经到过那片废弃工地，是吗？

甲：对，是这样的。

测谎师：具体是什么时间？

甲：差不多一周之前。

测谎师：你当时为什么要去那里？

甲：当时是去那里大便，结果还受了伤。

测谎师：受了什么伤？

甲：那里地上有钉子。我在那里大便的时候，左脚不小心踩在了一颗钉子上，脚流了很多血，我当时随手拿了附近的一块布之类的东西擦了擦脚上的血。

测谎师：之后你又到过那里吗？

甲：没有了。

测谎师：刚才你所说的，都记得清楚吗？

甲：记得清楚。

……

在上面这段对话中，甲说了谎。甲并没有在案发前一周到过那片废弃工地，更没有因为踩到钉子而导致脚部受伤。事实上，甲是在案发当晚对被害人实施抢劫的过程中不慎受伤的，从而在案发现场遗留了血迹。

在完成这段陈述之后，甲向前探身拿起桌上的纸巾，开始用力地擦拭双手。

在此之前，甲的双手并未被弄脏。这个十分反常的“清洗行为”，也因此引起了测谎师的注意。

关于个体的“清洗行为”，心理学上存在一种很有意思的效应，即**“麦克白效应”**。

所谓“麦克白效应”，是指个体所体验到的罪恶感会促使个体清洗自己，即个体会试图通过清洗身体来对抗内心所体验到的罪恶感。这一效应的名称来源于莎士比亚的戏剧《麦克白》，剧中的麦克白夫人在实施谋杀后，拼命地想要清洗自己的双手。

心理学家对于“麦克白效应”展开了一系列的研究。比如，在一项心理学实验中，研究者引导被试回忆自己曾经做过的道德或不道德的事情，然后要求被试进行填词测试。研究结果发现，被试在回忆自己曾经做过的不道德的事情时，更倾向于将“W_ _H”补充为“WASH（清洗）”，将“S_ _P”补充为“SOAP（肥皂）”。并且，在让被试选择免费礼物时，他们也更倾向于选择消毒巾，而不是铅笔。

回到测谎之中。

说谎心理学的研究表明，个体在编造谎言的过程中，常常会出现强烈的罪恶感。鉴于此，说谎者在编造谎言的过程中，可能会由于体验到强烈的罪恶感而导致“麦克白效应”的出现，从而表现出一些无意识的身体清洗行为。回到这起案件中，该名被测人在说谎后所表现出的反常的清洗双手行为，即在某种程度上暴露了谎言的破绽。

丹尼尔·卡尼曼在《思考，快与慢》一书中，曾经介绍过这样一项研究。研究者要求被试用两种不同的方式对一名假想对象进行说谎。第一种方式是通过“电话”进行说谎，第二种方式则是通过“电子邮件”进行说谎。随后，研究者对被试进行一项产品需求的测试。

研究结果表明，那些通过“电话”进行说谎的被试更想要的是漱口水，而不是肥皂；那些通过“电子邮件”进行说谎的被试更想要的是肥皂，而不是漱口水。

通过“电话”进行说谎的被试会试图清洗自己的嘴部，而通过“电子邮件”进行说谎的被试则会试图清洗自己的手部。换句话说，这一研究的结果表明，个体在体验到罪恶感时，不仅会试图清洗自己的身体，并且所清洗的身体部位也是那些令他们感到罪恶的部位。

诚实假象：无法核实的情节

来看下面一段对话。

问：昨天晚上你在哪里？

答：你具体说的是什么时间？

问：昨天晚上七点左右。

答：那个时候，我跟一个朋友在看电影。

问：哪个朋友？

答：同事。

问：现在的同事吗？

答：不是，以前公司的一个同事。

问：叫什么名字？

答：林某某。

问：你们去的哪一家电影院？

答：我家附近那一家。

问：就是上个月新开的那家电影院？

答：对。

问：能确定吗？

答：能。

问：我已经问过你的同事林某某了，她说昨天晚上根本没有见过你，你昨晚也没去过那家新开的电影院。昨天晚上七点左右，你到底在哪里？

答：……

在上面这段对话中，说谎者的谎言被当场拆穿。其原因在于，说谎者在回答的过程中，编造了一系列可以被核实的情节。通过对这些情节进行细致的调查核实，询问者发现，说谎者所陈述的这些情节是根本不存在的。于是，说谎者的谎言不攻自破，赤裸裸地暴露在了询问者面前。

这显然是说谎者不想看到的一种结果。此时的说谎者即使想要进行狡辩、推脱或提出其他合理化的理由，也是极其困难的。

在笔者所办理的测谎案件中，有的说谎者为了避免这一情况的出现，会选择使用大量无法核实的情节，来制造诚实的假象。这一点需要引起测谎师的重视。

下面，笔者以一段对话来对说谎者的这种伎俩进行说明。

问：你刚才说，前几天你曾经跟你的丈夫有过一次激烈的争吵，是吗？

甲：是的。

问：具体是什么原因？

甲：因为他在外面有人了。

问：你的意思是，你的丈夫在外面有情人？

甲：是的。

问：你具体是怎么知道这件事的？

甲：有两次。第一次是我某天逛商场时，看到他俩在一起。第二次是我某一天在酒店吃饭时，又看到他俩在一起。那个女的个子挺高，长头发，胳膊上还文了一只蝴蝶。

问：你见过你丈夫的情人？

甲：对。好像那女的是个模特，我丈夫在一次出席活动的时候跟她认识的。

问：你能找到或者联系到她吗？

甲：那个女的具体在哪儿我不清楚，我也没有她的联系方式。不过，我这里有她的一张照片。

问：你这里有她的照片？能提供一下吗？

甲：照片我没有随身携带，我把它锁在我办公室的抽屉里了。

问：现在还在你的办公室抽屉里吗？

甲：本来应该是在的，不过我去年跳槽到了另一家公司。搬东西的时候，那张照片就不见了。当时比较混乱，那张照片可能是混在其他废纸里被丢掉了。

在上面这段对话中，甲称自己在案发前与丈夫发生冲突，是因为丈夫在外面有了情人。紧接着，甲向询问者描述了有关丈夫情人的许多具体情节，以期使询问者进一步相信，丈夫的情人是真实存在的。

乍看之下，这些具体的情节似乎增加了陈述的可信度。毕竟，如果一段陈述系说谎者完全虚构编造而来，那么说谎者常常会惜字如金，不愿陈述过多的情节，以避免谎言被询问者当场拆穿的情形发生。然而，尽管甲详细描述了有关丈夫情人的许多具体情节，但这其实只是一种诚实的假象。

细心的读者已经发现，甲向询问者陈述的所有情节，全部都是**“无法核实的情节”**。

具体来说，甲描述了有关丈夫情人的许多情节。下面列举其中部分情节。

情节一：自己两次见到丈夫情人时的具体场景。

情节二：丈夫情人的体貌特征。

情节三：丈夫情人的职业及其与丈夫认识的过程。

情节四：自己留有丈夫情人的一张照片，以及照片的具体存放地点。

……

如此众多与具体的情节，均无法进行核实。这并非简单的巧合，而是出自说谎者的精心设计。

应当说，这种情形在测谎实践中并不少见，下面笔者再举一个例子。

来看下面这段对话。

问：你所说的“那个人”是谁？

甲：“咖啡喝茶”。

问：什么是“咖啡喝茶”？

甲：那个人叫“咖啡喝茶”，我们在网上认识的。

问：说说具体怎么认识的这个“咖啡喝茶”。

甲：我自己做点儿小买卖，想要租辆车，大约半年以前吧，一次我在登陆某个社交软件时，加入了一个聊天群，这个聊天群的名字叫什么我记不得了，反正是关于汽车租赁的。后来，群里就有一个叫“咖啡喝茶”的人给我发了一条信息，问我是否考虑合伙租车。刚开始我没理他，但他紧接着又给我发了好几条信息，我就回复他说考虑一下。于是我把他添加为好友开始聊天，相互问了对方一些基本信息，他说了一下他的基本情况，我听了觉得还挺靠谱，也比较适合我现在的情况。然后他把他的身份证件发给我看了，也问了我的一些个人信息，又让我把身份证件等发给了他，我也照办了。

问：你接着讲。

甲：我俩商议好价钱等事项之后，就约了个地方见面。见面以后我俩聊了一阵，我记得那人个头不高，身材有点胖，说话有一点儿结巴。我看他这人挺实在的，就放了心。他把钱款给了我，让我以我的名义去办了汽车租赁的手续。等手续办完，车到手之后，他提出暂用两天办点急事，我看他挺着急的，就答应了，然后他就把车开走了。之后，我就再也没联系上他，车也不知道被他开到哪里去了。

问：你知道他的真名吗？

甲：我看过他的身份证件，但是忘记他叫什么了，好像姓赵，我记得他不是本地人。

问：你有他的手机号码或者其他联系方式吗？

甲：当时存过的，后来我的手机有一次不小心进了水，就换了手机，之前的联系人信息全都没有了。

问：你当时跟他约在哪里见的面？

甲：当时约在一家房地产连锁中介店附近见面……不过

我忘了是哪家中介店了，具体是他定的地方。

问：你当时跟他联系的社交账号是什么？

甲：我平时有好几个社交账号，都混了，记不住了，之前那几个也不用了。

问：你在网上跟他联系时，用的是手机还是电脑？

甲：用的电脑。

问：电脑还在吗？

甲：还在……哦不对，不在了。一个多月以前坏掉了，那台电脑本来就已经很老旧了，于是我就把它扔掉了。如果现在电脑还在就好了，早知道有这事，我就不把它扔掉了。

……

在这个例子中，为了使询问者相信“那个人”真实存在，甲对与“那个人”有关的大量情节进行了详细的描述，下面列举部分情节。

情节一：甲与“那个人”在一个汽车租赁的聊天群中认识，“咖啡喝茶”是“那个人”的网名。

情节二：“咖啡喝茶”曾把身份证件给甲看过，“咖啡喝茶”姓赵，并且不是本地人。

情节三：甲与“咖啡喝茶”曾在一家房地产连锁中介店附近见过面。

情节四：“咖啡喝茶”个头不高，身材有点胖，说话有一点儿结巴。

……

同样，这些看似数量众多的情节，却均由于各种原因而无法核实，这依然是出自说谎者的精心设计。

既然所有的情节都无法进行核实，那么谎言自然也就不存在被戳穿的危险。

这，是说谎者的小算盘。

以上，我们介绍了说谎者的一种“诚实假象”。但在实践中，由于事情的具体情节千差万别，因此即使是在诚实者的陈述中，也同样可能存在许多无法核实的情节。尽管如此，询问者仍可以通过一些特殊的谈话技巧，来尝试诱发诚实者与说谎者做出不同的反应，进而对二者进行更好的区分。

一个重要的技巧，就是**邀请被询问者参与对事实的调查**。

比如，可以进行这样的询问：

“你刚才所提及的这一情节，我听明白了，我也愿意去相信你所说的。现在，我们要一起认真地想一想，有什么人、什么事情或是什么方法能够证明，它是真实存在的？”

“在我们刚才的对话中，你提到了许多重要的情节，我当然希望能够尽快对这些情节的真实性进行核实。现在，为了能更好地证明你所说的是真的，你需要给我提供一些建议：我应当首先去核实哪个情节？”

这实际上是询问者主动邀请被询问者共同参与到对事实的调查中。

此时，诚实者通常会进行努力的回忆与认真的思考，然后向询问者提供一些能够被核实，或者能够尝试进行核实的具体情节。并且，诚实者还常常会与询问者就一些核实方法的可操作性进行探讨。

“对了，我觉得你们可以去找我办公室的某某了解情况。这一点很重要，我记起那天我打报警电话时，她就在办公室，还问我怎么回事，我当时明确跟她讲，我被人打了。”

“我刚刚想到，你们可以去找一下那个商场柜台的营业员，她那里应该留了那个人的联系方式，因为我记得那个人在买完东西后，在柜台办了一张会员卡，很可能会留下一些个人信息。”

然而，说谎者不会真正进行认真的思考，因为说谎者内心清楚，这些情节完全是自己虚构出来的，也因此根本没有办法可以进行核实。鉴于此，说谎者此时表现出的，通常是一些无意义的辩解和反复性的表态。

“唉，我现在就是后悔，后悔当初没拿手机把他拍下来。我要是当时把他拍下来就好了。”

“我这么说您可能都不会信，但是，这件事情说起来也真是凑巧……能证明这件事的那几个租客，我现在一个也联系不上了。”

犯罪记忆唤醒：测前谈话的技巧

测谎师：现在，你把这件事情的详细经过讲一下。

被测人：我已经说过了，我对所有的事情一无所知。我甚至不知道我是因为什么被带到这里。

作为完整测谎流程中的一个重要环节，测前谈话对于确保测谎的高准确率起着不可替代的作用。从某种程度上来说，越是经验丰富的测谎师，越会对测前谈话投入更多的关注。

犯罪记忆唤醒，是测前谈话的一项重要作用。通过测前谈话，测谎师引导被测人对案发前后与案发当时的具体情境进行系统的重新感知。在这一过程中，无辜者的紧张焦虑情绪会得到很大程度的缓解，而作案人的犯罪记忆则会被再次唤醒，从而为接下来的正式测谎打下坚实的基础。

但在测谎实践中，有时被测人会在测前谈话阶段坚称对所有事情一无所知，拒绝与测谎师针对具体案情进行系统的梳理。如本文开头的那段对话即此种情形。

在这种情况下，测谎师并不适合直接对被测人进行这样的质问：

“你说你什么都不知道？你怎么可能什么都不知道？你如果什么都不知道，今天怎么会对你进行测谎？你现在如实地把这件事情的来龙去脉跟我讲清楚。”

之所以不适合直接对被测人进行质问，原因有二：

其一，在一些情况下，无辜的被测人确实对案件相关事实一无所知。如果测谎师此时对无辜的被测人进行直接的质问，可能使得无辜的被测人感受到测谎师并非站在客观中立的立场，而是对自己抱有“说谎”“有罪”的偏见。这将导致无辜的被测人很难形成对测谎师的信任，并进而造成一些测谎误差的出现。

其二，即使是对于真正的作案人，如果此时测谎师对其进行直接的质问，也可能诱发被测人强烈的对抗情绪，与测谎师发生言语上的争辩。说谎心理学领域中有一个非常重要的命题，那就是**“当说谎者不惧怕谎言被拆穿时，谎言的破绽将会变得很难暴露出来”**。对抗关系与争辩行为的出现，在很大程度上会削弱说谎者对于谎言被拆穿的恐惧感，也因此会对测谎结果产生不确定的影响。

鉴于此，在这种情况下，测谎师应当灵活地运用多种技巧与被测人展开测前谈话，唤醒真正作案人的犯罪记忆。

举个例子。

一起诈骗案，为了帮助判断嫌疑人甲是不是诈骗行为的实施者，案件承办人将本案委托到测谎实验室。

以下，是测前谈话的部分内容。

测谎师：你知道是因为什么事情来这里的吗？

被测人：不知道。之前我跟问话的人也讲了，他们找错人了。

测谎师：那么到现在，我问你的此时此刻，你知道是因为什么事情来这里了吗？

被测人：嗯……我现在知道了，好像是因为信用卡诈骗的事情。不过这是别人告诉我的。

测谎师：信用卡诈骗，具体是什么事情？

被测人：那我不知道，我什么都不知道，我也什么都没干。

测谎师：那我们谈点儿别的。

被测人：好。

测谎师：你之前在哪儿工作？

被测人：我在某某公司工作。

测谎师：平时在公司主要负责什么？

（被测人陈述自己的日常工作内容）

测谎师：你做这一行多少年了？

被测人：挺多年了，五六年了。

测谎师：也算做了挺久。

被测人：是。

测谎师：对于这个行业内的事情，你应该算得上了解吧？

被测人：是，基本上都了解。

测谎师：你所负责的业务，公司有严格的管理吗？

被测人：有的，公司管理非常严格。

测谎师：公司有严格禁止的、不允许你们去做的行为吗？

被测人：有。

测谎师：说说看。

（被测人陈述公司严格禁止的行为）

测谎师：你刚才提到了盗刷，如果我现在想要进行盗刷，可以直接实施吗？

（被测人进行回答）

测谎师：也就是说，如果我想实施盗刷，还需要其他东西，是吗？

（被测人进行回答）

测谎师：还需要哪些东西？

（被测人进行回答）

测谎师：如果有人这样做，那么他不怕被发现吗？

（被测人进行回答）

……

被测人逐渐打开了话匣子，却突然陷入了沉默。被测人意识到，此刻他所讲述的内容，正是他所使用的犯罪具体手法、事前精心谋划与证据销毁方式。换句话说，被测人所讲述的，正是他策划和实施这一犯罪的整个行为过程。

被测人的犯罪记忆被强烈唤醒，而被测人的谎言也将清晰地暴露在测谎师眼前。

主观感受：谎言的“阿喀琉斯之踵”

在希腊神话中，凡人珀琉斯与女神忒提斯结合并育有一子，取名阿喀琉斯。为了使阿喀琉斯获得不死之身，忒提斯在阿喀琉斯刚刚出生之际便将其倒提着浸入冥河之中。被冥河水浸过之处，将变得刀枪不入。

但由于忒提斯是倒提着阿喀琉斯，因此阿喀琉斯的脚踵并没有能够浸入冥河之中。于是，脚踵之处也就成了阿喀琉斯身上唯一的“死穴”。

后来，阿喀琉斯被对手一箭射中了脚踵，最终不幸身亡。而“阿喀琉斯之踵”也常常被用来形容致命的缺陷或软肋。

在测谎实践中，对于说谎者来说，有时也会存在这样的“阿喀琉斯之踵”。说谎者的“阿喀琉斯之踵”，就是**“主观感受”**。

在司法心理学领域，几乎所有的陈述可信度评估工具都对“主观感受”给予了高度关注。比如，在一些国家可作为证据使用的陈述可信度评估工具“SVA”（Statement Validity Assessment）就将“主观心理状态”列为明确的判断标准，强调如果目击者描述了事发当时自己情绪和情感的发展变化，就满足了这一标准。用于区分真实事件与想象事件的专门化评估工具“RM”（Reality Monitoring）也将“情感”列为八项具体标准之一。而在司法实践与测谎实践中广泛应用的测谎工具“SCAN”同样强调“情绪的反常性”与“情绪表述的出现位置”，并将其作为区分真话与谎言的重要标准。“主观感受”在谎言识别中的重要性，由此可见一斑。

来看下面这个例子。

被害人（女）报案称嫌疑人（男）趁自己的丈夫上夜班期间，偷偷进入自己的房间，并试图对自己实施强奸。

被害人陈述，自己的丈夫在城里找了一份工作，于是被害人一家在丈夫的工作地点附近租了一间平房。由于工作原因，被害人的丈夫平时都是上夜班。

事发当晚，被害人的丈夫上班去了。大约到了后半夜，被害人迷迷糊糊中闻到一股浓烈的臭味。被害人醒来一看，发现一个男的正躺在旁边，手在被害人的身上来回乱摸。那名男子见被害人醒了，就凑过来亲被害人，还想强行跟被害人发生关系。被害人见状吓坏了，大喊“救命，流氓”，那名男子见被害人喊得厉害，于是就从床上爬起来并从窗户翻了出去。被害人慢慢回过神儿来，这才注意到卧室的窗户是开着的，那名男子应该就是从窗户溜进来的。

被害人马上给自己的丈夫打电话，丈夫回到家后，夫妻二人选择了报警。

很快，该名男子被抓获归案。但该名男子到案后，却给出了不同的说法。其辩称，自己进入被害人家中仅仅是为了拿烟，并未对被害人实施任何非法侵害。为了帮助判断该名男子与被害人的说法孰真孰假，案件承办人委托测谎师对被害人与该名男子分别进行测谎。

以下是在测前谈话阶段，测谎师与该名男子的部分对话。

测谎师：你与被害人、被害人的丈夫认识吗？

被测人：我跟被害人的丈夫在同一个地方上班，相互之间也很熟。被害人的丈夫曾经邀请我去他家吃过饭，但是我对被害人的印象不深，因为我去他家吃饭那天，被害人一直在厨房里做饭，没有跟我们一起。

测谎师：那件事情是什么时候发生的？

被测人：7月12号，后半夜的事。

测谎师：那天晚上，你去过被害人家吗？

被测人：去过。

测谎师：具体是什么时间？

被测人：我是凌晨一点半下班，到他家的话，大约是凌晨两点。

测谎师：你把那天晚上的事情详细说一下。

被测人：好的。那天晚上，我凌晨一点半左右下班，回家路上突然烟瘾犯了。我这人平时烟瘾特别大，偏巧那会儿身上没带烟。当时我正好路过他家，我就想着进屋去找几根烟抽。我走到他家窗户那儿，窗户开着。我看到里面黑着灯，我就打开手机的手电筒，朝屋里照了照，看到桌子上有几盒烟。我于是踩着窗户台，然后翻进了屋里。

测谎师：你接着讲。

被测人：屋里当时有人在睡觉，我没叫醒他们，拿了桌子上的烟，然后我就准备出去。这个时候我突然听到一个女人喊了一声，好像是“救命，抓流氓”，应该是他媳妇，然后旁边有一个孩子也叫了一声，于是我就拿着烟离开了。我在回去的路上抽了几根烟，还剩几根没抽，现在还在我屋里的桌子上放着。

……

测谎师：按照你的说法，你当时进屋是为了什么？

被测人：拿烟，烟瘾犯了。

测谎师：拿完烟之后呢？

被测人：马上就离开了。

测谎师：在这一过程中，你还做过其他事情吗？

被测人：没有。

测谎师：是谁喊的“救命，抓流氓”？

被测人：应该是他媳妇。

测谎师：他媳妇喊“救命，抓流氓”的时候，你当时心里是怎么想的？

被测人：我……

测谎师：你当时是感到吃惊吗？

被测人：这个……

测谎师：是感到害怕吗？

被测人：嗯……嗯……不是，不是害怕！

测谎师：那你当时是感到生气吗？

被测人：生……气，对，当时我感到生气。

测谎师：生的什么气？

被测人：（沉默）

测谎师：既然感到生气，那你为什么不跟她理论，而是直接离开了？

被测人：我……这里面……还有个其他的事儿……

在笔者所接触过的说谎者中，如果在编造谎言之前拥有相对充足的准备时间，那么相当一部分说谎者能够对谎言中所涉及的客观情节进行较好的编造，设计出较为完备的“谎言剧本”。尤其是在有预谋、有计划的犯罪中，说谎者往往会在罪行败露之前，对如何应对问话进行周密的思考与演练。正如上例中的男子，其在对许多客观情节进行叙述的过程中，始终能够做到对答如流，没有暴露出明显的谎言破绽。甚至在测谎师针对某些细节性问题进行发问时，他也在第一时间做出了相对合理的回答。然而，在被问及主观感受时，该名男子暴露出了明显的反常与破绽。

我们在经历某一事件的过程中，除感知到客观的环境、事物及行为外，还会伴随而形成相应的主观感受。说谎心理学认为，在谎言的准备阶段，大多数说谎者往往会将重心放在客观情节的编造与构思上，而较少对谎言中所涉及的主观感受进行认真的思考。

造成这一现象的原因主要有三个：

其一，相对而言，对客观情节的编造过程如果稍有不慎，将会更加直接地暴露出谎言的破绽。比如，说谎者在编造谎言的过程中出现了明显的逻辑矛盾、细节缺失、供述变迁等情形，很可能会导致谎言被当场揭穿。鉴于此，说谎者毫无疑问会投入更多的精力对谎言所涉及的客观情节进行反复的精细“打磨”。

其二，主观体验往往依托客观情节而产生，但谎言中的客观情节本身就是说谎者编造的。鉴于此，如果在虚构客观情节的基础上，再去思考在该种虚构情形下应当会产生怎样的主观体验，那么这在某种程度上是一种“想象”基础上的“再想象”。对于说谎者来说，这无疑是更加困难的一件事情。

其三，对于发问者来说，更多的关注点同样放在被询问者所陈述的客观情节是否完整、清晰、流畅、稳定、符合逻辑方面，而较少与被询问者讨论相关的主观感受。鉴于此，说谎者也相应地对主观感受给予较少的关注与思考。

比如，在上例中，说谎者对于谎言中客观情节的编造进行了充分的准备与设计，在刻意隐瞒对被害人的侵害行为的同时，虚构出进屋是为了拿烟等一系列虚假情节。但在被问及事发当时的主观感受时，说谎者突然意识到自己并不清楚，也并没有认真地思考过，以及在其设计的“谎言剧本”之中，自己应当体验到怎样的主观感受，于是暴露出了明显的反常与破绽。

再举一个例子。

甲因为沉迷赌博，欠下了巨额债务。在走投无路的情况下，甲想起自己的岳父有一套房屋，于是打起了这套房屋的主意。

乙与甲先前相识。甲供述，自己将情况告诉了乙，乙得知后撺掇甲将其岳父那套房屋的房产证及其他证件偷出来，由自己买下这套房屋，然后甲可以把卖房得来的钱款拿去还债。

甲觉得乙的主意不错，于是找机会把其岳父的房产证及其他证件偷了出来，并以明显低于市场价的价格将房屋卖给了乙。

过户当天，为了能够顺利办理过户手续，乙找到了长相与甲的岳父十分相像的丙。在给予丙一些好处费后，乙要求丙冒充甲的岳父办理房屋的过户手续。

但纸终究包不住火，不久后，甲的岳父发现了甲的所作所为，并选择了报案。办案人员很快将甲、乙二人抓获归案。

但乙到案后却辩称，自己对于甲的所作所为一无所知，自己同样受到了甲的欺骗。乙表示，自己多年来一直本本分分，所谓的撺掇甲去偷岳父的房产证以及找丙假冒甲的岳父，根本都是无稽之谈。

为了帮助判断乙的辩解是否真实，案件承办人将本案送到了测谎实验室，委托测谎师对乙进行测谎。

以下是在测前谈话阶段，测谎师与乙的部分对话。

测谎师：也就是说，你之前并不知道，房产证这些东西是甲从他岳父那里偷来的，是吗？

乙：是的，我确实不知道。在我们签合同之前，甲主动邀请我实地看过这套房子，还跟我讲了他岳父把这套房子卖掉，是想搬到离他们近一点的地方住，所以我根本没有怀疑过这套房子会有问题。这都是明摆着的，如果我早知道这房子有问题，是不可能会买的。

测谎师：办过户手续那天，都有谁在场？

乙：我，甲，还有个老头。那天我到的时候，甲和那个老头已经在那儿等我了。甲跟我介绍，那个老头就是他岳父。

测谎师：老头的体貌特征是什么？

乙：身高一米七左右，体型偏瘦，那天上身穿一件褐色格子衬衣，下身我记得应该是穿了一条蓝色牛仔裤。

测谎师：你之前见过那个老头吗？

乙：没见过，第一次见。

测谎师：甲当时明确跟你讲过，那个老头就是他的岳父吗？

乙：对，他就是这么跟我介绍的。不过后来办案人员跟我讲了，那个老头根本不是他岳父。

测谎师：简单概括一下你陈述的内容。

乙：我受了甲的欺骗。甲偷了他岳父的房产证，又雇人冒充他的岳父，把那套房子卖给了我。现在他犯事儿了，就想把屎盆子扣我头上，说我撺掇他偷的房产证，又找人冒充他的岳父。

测谎师：事情到了今天这样，有什么想法？

乙：（摇头）

测谎师：滋味儿不好受吧？

乙：（苦笑）是不好受，太惨了，那能有什么办法呢？

测谎师：按照你所说，你也是受害者，同样受到了甲的欺骗。甲不仅骗了你，还对你进行了诬陷，让你陷入这么惨的境地。是吗？

乙：是，没错。

测谎师：换句话说，没有他欺骗你、诬陷你，你今天也不会坐在这里，对吗？

乙：对。

测谎师：那么，对于他欺骗你、诬陷你，甚至可以说害你这件事情，你有什么感受？

乙：（沉默）

测谎师：你生气吗？

乙：我……

测谎师：你恨他（甲）吗？

乙：（愣住了）我……我想我会去问问他这么做的原因……嗯，我会去问问他。

……

在上例中，尽管乙在陈述客观情节的过程中并未暴露出明显的谎言破绽，但当被问及“对于甲欺骗你、诬陷你，甚至可以说害你这件事情，你有什么感受”“你生气吗”“你恨他（甲）吗”等涉及主观感受的问题时，乙意识到自己并未认真思考过，在自己所编造的“谎言剧本”中，怎样的主观感受才是合情合理的。于是，乙在对主观感受进行描述的过程中同样暴露出了明显的谎言破绽。

事实上，在测谎实践中，测谎师在引导被测人对于案件的客观情节进行细致梳理的同时，如果能对被测人的主观感受给予适当的关注，常常会产生意想不到的效果。

三点建议：内心预判与测谎结果

承办人在办理案件的过程中，有时会将案件送至测谎实验室，委托测谎师对案件当事人进行测谎。

实践中，具体又可以分为两种情形。

第一种情形，是案件承办人本身对案件当事人陈述的真伪性并不存在很强的内心确信。此种情形下，承办人希望能够借助测谎，帮助对案件当事人陈述的真伪性进行甄别。

第二种情形，是案件承办人基于在案证据，对于案件当事人陈述的真伪性存在较强的内心确信。此种情形下，承办人希望能够借助测谎，对自己的内心预判做进一步的印证。

而在第二种情形中，有时会出现一个问题，那就是承办人的内心预判可能会与测谎师的测谎结果之间出现矛盾。

办理过一线测谎案件的测谎师，一定都曾遇到过这种情形，即承办人的内心预判与测谎师的测谎结果出现了相左的情况。

事实上，对于这种测谎师与承办人意见相左的情形，测谎师并不需要有过多的纠结。测谎师最需要关注的，始终是最大限度地降低测谎误差，确保测谎结果的准确性。

下面，提供三点建议。

首先，重视在测前准备阶段与案件承办人的沟通。

有时，尽管案件承办人委托测谎师对案件当事人进行测谎，但案件承办人本身对测谎其实并没有深入了解。再加上许多所谓“读心术”与“测谎术”读物的不当宣传，承办人有时也会对测谎产生这样或那样的误解。

鉴于此，在测前准备阶段，测谎师应当有意识地针对案件情节的准确性、测谎思路的针对性及问题设计的周密性三方面与案件承办人进行深入的沟通与探讨。而在测前准备阶段的沟通探讨过程中，案件承办人也会对测谎的原理、思路与方法有更为直观的认识，对于测谎的科学性、严谨性和规范性也会有更加深入的理解。

第一个方面，是**案件情节的准确性**。

测谎师常常需要借助案件中的一些关键情节来进行测谎思路的设计与测谎问题的编制。鉴于此，测谎师必须确保这些案件情节的内容本身是准确的。如果案件情节的内容本身存在偏差，那么依据该情节进行测谎思路与测谎问题的设计所得出的测谎结果自然也会存在偏差。

第二个方面，是**测谎思路的针对性**。

测谎实践中，针对一起案件的具体案情，测谎师往往可以从多个角度设计出大量的测谎问题对被测人进行测试。但前提是，测谎师必须确保所设计的测谎思路具有针对性，能够有效解决案件承办人想要解决的问题。

换句话说，测谎师必须借助测谎过程中数量有限的问题，有针对性地解决最需要解决的问题。

第三个方面，是**测谎问题的周密性**。

测谎作为一项心理学实验，周密性贯穿始终。测谎思路的设计不能存在纰漏，测谎问题的编制需要最大限度地囊括所有的事实可能性，测谎结果的解释也需要充分考虑被测人存在的个性化特殊因素。要做到这一点，离不开测谎师在测前准备阶段与案件承办人的充分沟通与探讨。

其次，是遵循“印证测试”原则。

测谎实践中，如果测谎师能够坚持印证测试，对多名案件当事人分别进行测谎，那么在多名案件当事人的测谎结果出现相互印证之时，测谎结论的准确性与解释的唯一性自然就得到了进一步的保障。

关于“印证测试”的必要性，笔者曾在前文中做过详细的说明，在此不做赘述。

最后，是延长测试链条。

如果说“印证测试”是通过“被试间测试结果”的相互印证来保障测谎结论的准确性与可靠性的，那么延长测试链条就是通过“被试内测试结果”的相互印证来达到这一效果。

举个例子。丙报案称自己遭到了同一宿舍的甲、乙二人的殴打，且枕头中的两千元现金也被二人抢走。甲、乙二人则坚称对于两千元钱一无所知。这个例子在本书的后文中也会提到。为了帮助查清事实，案件承办人委托测谎师对本案的三名案件当事人分别进行测谎。

具体到该案中，在对嫌疑人甲进行测谎的过程中，测谎师向被测人核实是否拿走了丙的两千元钱。其中，部分测谎题目与被测人甲的回答如下：

问：你知道钱是从哪里被拿走的吗？

答：不知道。

问：是从床底下被拿走的吗？

答：不知道。

问：是从皮箱里被拿走的吗？

答：不知道。

问：是从甲身上被拿走的吗？

答：不知道。

问：是从枕头里被拿走的吗？（目标选项）

答：不知道。

问：是从编织袋里被拿走的吗？

答：不知道。

问：是从床头柜里被拿走的吗？

……

对这一部分题目的测谎结果显示，甲在对“是从枕头里被拿走的吗”回答“不是”时，生理指标出现了显著的异常反应。换言之，尽管甲声称自己对于两千元钱毫不知情，但对于这两千元钱所在的位置，甲存在清晰的记忆痕迹。

在通过一系列问题明确了被测人甲确实拿走了丙的两千元钱之后，测谎师继续延长测试链条。

问：你知道钱去哪里了吗？

答：不知道。

问：那些钱是丢掉了吗？

答：不知道。

问：那些钱是花掉了吗？

答：不知道。

问：那些钱是跟别人分了吗？

答：不知道。

问：那些钱是存到银行了吗？

答：不知道。

问：那些钱是寄回家了吗？

答：不知道。

问：那些钱是被藏起来了吗？

答：不知道。

……

连续数遍的测试，甲均在对“那些钱是跟别人分了吗”回答“不是”时，出现了生理指标的显著异常反应。

在探查到两千元钱可能被甲与他人瓜分后，测试链条继续延长。

问：那些钱，是分给谁了，能如实回答吗？

答：（沉默）

问：那些钱是分给你女朋友了吗？

答：不是。

问：那些钱是分给你的家人了吗？

答：不是。

问：那些钱是分给乙了吗？

答：不是。

问：那些钱是分给丁了吗？

答：不是。

问：那些钱是分给戊了吗？

答：不是。

问：那些钱是分给其他人了吗？

答：不是。

……

连续数遍的测试，甲均在对“那些钱是分给乙了吗”回答“不是”时，出现了生理指标的显著异常反应。

换句话说，甲很可能将抢来的两千元钱与乙进行了瓜分。

在此基础上，测谎师又依据“印证测试”原则继续对本案的嫌疑人乙进行测试，并在测谎结果上实现了与甲的相互印证。

破除假象："神预测"的骗局

我们的认知存在这样一种强烈的倾向，即总是会探索身边事物之间的关系，寻求事物之间存在的规律，并试图去解释其背后的意义。这原本是我们认知活动适应性的一个重要体现，但有时也会被骗子利用，将一些原本完全随机的事件伪装成具有内在规律的、可以进行预测的事件，进而对我们实施欺骗。

基思·斯坦诺维奇在《对"伪心理学"说不》一书中，曾经提到这样一个关于财经预测的骗局。下面，我们就一起来看一下这个"高明"的骗局。

某天，你收到一家投资咨询公司寄来的一封信。你拆开信，发现里面有一份关于股票市场的预测讯息。信中写道，对这份讯息并不会收取任何费用，只是希望你能按照他们的建议去购买股票，然后看看他们的预测是否准确。信中还写道，下个月某公司的股票会出现攀升。

读完后，你把这封信随手一丢，认为这又是司空见惯的骗人把戏。

一个月后，你发现某公司的股票确实攀升了。

你并没有觉得很意外。相反，你觉得这是很平常的事情，这家投资咨询公司只不过是侥幸猜中而已。

几天后，你又收到这家投资咨询公司的预测讯息，预测某公司的股票会在下个月下跌。

一个月后，你发现某公司的股票确实下跌了。

你依然认为这只不过是该投资咨询公司的又一次侥幸。

几天后，你第三次收到这家投资咨询公司的预测讯息，预测某公司的股票会在下个月再次下跌。

这次，你开始不由自主地关注起那份预测讯息来。

一个月后，你发现某公司的股票果然再次下跌了。

你开始觉得这家投资咨询公司的预测还是十分靠谱的，因为这么多次的准确预测，不是用“侥幸”就可以简单进行解释的。于是，你决定花费几十美元，去订购这份极具价值的预测讯息。

但这份所谓的“神预测”，其实只是一个骗局。

场景切换到另一边。

一处简陋的地下室，骗子正准备把手中的1600份讯息寄送给1600个不同的人。在这1600份讯息中，有800份讯息预测某公司的股票会在下个月上涨，另外800份讯息预测某公司的股票会在下个月下跌。

无论下个月某公司的股票是上涨还是下跌，都会有800个人收到“正确”的预测，另外800个人收到“错误”的预测。

接下来，骗子就会继续把讯息寄送给那800个收到“正确”预测的人，而不再向那800个收到“错误”预测的人寄送。

在寄送的800份讯息中，有400份讯息预测某公司的股票会在下个月上涨，另外400份讯息预测某公司的股票会在下个月下跌。

同样，无论下个月某公司的股票是上涨还是下跌，都会有400个人第二次收到“正确”的预测，另外400人收到“错误”的预测。

然后，骗子就会继续把讯息寄送给那400个第二次收到“正确”预测的人，而不再向那400个收到“错误”预测的人寄送。

在寄送的400份通讯中，有200份讯息预测某公司的股票会在下个月上涨，另外200份讯息预测某公司的股票会在下个月下跌。

这次，无论下个月某公司的股票是上涨还是下跌，都会有200名“幸运儿”连续收到三次准确的预测。

如果照这一模式继续进行下去，那么：

会有100名“幸运儿”连续收到四次准确的预测。

会有50名“幸运儿”连续收到五次准确的预测。

会有25名“幸运儿”连续收到多达六次准确的预测。

可以想象到的是，这些“幸运儿”中大多数会变得不再怀疑这家投资咨询公司的预测能力，并愿意支付相应的费用对该公司的预测讯息进行订购。

但这就是一个彻头彻尾的骗局，这些所谓的“神预测”根本就没有任何的预测能力，它们在本质上只是一些完全随机的事件。但有时，这些随机的事件会披上“神预测”的外衣，成为骗子实施欺骗时所使用的障眼法。

承诺一致性原则：被测人承诺

测谎师：事实上，因为我从事的这项工作，使我特别佩服那些能说真话、敢说真话的人。不知道你怎么认为？

被测人：是的，我也是这样认为的，诚信是一个人的立身之本。

测谎师：坦白讲，你看上去是一个很可靠的人，很诚实，不是那种谎话连篇、不敢承认错误的人。不知道我的感觉是不是准确？

被测人：您说的没错，我确实不是那种谎话连篇的人。

测谎师：好，看来我的感觉是没错的。

被测人：（点头）

测谎师：那么，在今天的测谎开始之前，我首先跟你保证一点。我会向你做出承诺，在今天的测谎过程中，我对你说的每一句话都是真实的。换句话说，作为测谎师，我承诺绝对不会对你进行欺骗和误导。这是我能够做到的。

被测人：谢谢。

测谎师：所以，以诚相待都是相互的。我当然也需要你做出同样的承诺，今天你所说的每一句话都是真实的。

测谎实践中，在正式测谎开始之前，测谎师会明确要求被测人对陈述内容的真实性进行承诺。其中所蕴含的道理，是心理学上的“承诺一致性”。

承诺一致性是指，一旦个体对某件事情做出了决定或承诺，那么之后的行为就会更加倾向于按照原先的承诺来进行。

来看下面这项研究。

在一处旅游景区，研究者安排一名工作人员伪装成小偷，安排另一名工作人员伪装成正在睡觉的“游客”。然后，研究者随机找了二十名旅客，并安排伪装的小偷在游客面前偷走“游客”的钱包。

研究结果表明，在这二十名游客中，只有四个人见义勇为地制止了“小偷”的盗窃行为。

随后，研究者改变了实验流程。这次，研究者让“游客”的工作人员在“入睡”前简单地要求游客帮忙照看一下钱包。在得到游客的承诺后，假扮的小偷才出现并实施盗窃。这次的研究结果表明在二十名游客中，有多达十九个人挺身而出，制止了“小偷”的盗窃行为。

个体在先前做出的承诺会极大地影响个体后来做出的行为。

心理学认为，一个重要的原因在于，对于个体而言，不管是态度还是行为，“保持一致性”都是一种可信的、受尊敬的行为，而“前后不一致”则往往代表着品行的缺陷与是非不分。在测谎过程中，测谎师同样会基于“承诺一致性”的原理，要求被测人对于如实陈述做出明确的承诺。

> 一方面，明确的“承诺”会对被测人进行如实陈述施加更大的作用力，引导被测人在测谎过程中按照先前的承诺进行如实的陈述；另一方面，明确的“承诺”会使被测人在编造谎言时体验到更加明显的认知冲突，诱发更为强烈的负面情绪，从各方面暴露出更加明显的谎言破绽。

事实上，“承诺”的作用力同样存在强弱之分。心理学的相关研究总结出了以下几点。

其一，公开承诺的作用力强于私下承诺的作用力。

其二，“高期望值”下的公开承诺作用力强于“低期望值”下的公开承诺作用力。

比如，在开头所举的例子中，测谎师通过对话为被测人设置了“高期望值”，即“你看上去是一个很可靠的人，很诚实，不是那种谎话连篇、不敢承认错误的人”。

其三，书面承诺的作用力强于口头承诺的作用力。

来看下面这项研究。

研究者安排一批工作人员假扮成义工，挨家挨户地向一个居民区内的居民提出这样一个请求：“请允许我们把一块公共广告牌竖在你们门前的草地上。”然后，研究者给居民们看了一张照片，在这张照片上，一栋非常漂亮的房子被一块很大的广告牌遮挡得严严实实，广告牌上写着几个字：“小心驾驶。”

这是一个十分荒唐的要求，同一地区的其他居民理所当然地拒绝了这个要求，但有一组居民却表示特别地赞同，他们中的大多数人竟然同意在他们门前的草地上竖起一块巨大的广告牌。

时间回到几个星期前，研究者安排另一批工作人员到这组居民家中拜访，请他们接受并设法展示一块三英寸见方的小牌子，牌子上面写着几个字："做安全司机。"由于这个请求并不困难，因此几乎所有人都答应了。然而，几个星期前对一个微不足道的安全驾驶要求的承诺，却导致这组居民在几个星期后答应竖起一块巨大的广告牌。

但这项研究并未就此结束，有意思的还在后面。研究者继续对另一组居民展开实验研究。他们首先请这些居民在一份请愿书上签名，这份请愿书的内容为："请让我们的城市保持美丽！"几乎每个人都在请愿书上签了名。

两个星期后，研究者又安排一批工作人员到该组居民家中拜访，同样希望他们能够同意在门前的草坪上竖起那块巨大的广告牌。

出人意料的是，差不多有一半的人答应了这个荒唐的要求。一个微不足道的"签名"，竟使个体产生了如此巨大的改变。

测谎实践中，在正式测谎开始前，测谎师同样会要求被测人郑重写下如实陈述的承诺，并签上自己的名字，即做出明确的"书面承诺"。而其中的道理，也正在于此。

第三章

精益求精：测谎之设计

测谎在本质上是一个设计精巧的心理学实验。努力控制与消除所有可能存在的测试误差，正是测谎工作精益求精的体现。

测前谈话：几种常见的错误

在书中，笔者始终强调测前谈话对于确保测谎结果准确性的重要意义。一次成功的测前谈话能够很好地消除测谎过程中可能出现的测试误差，而一次失败的测前谈话可能极大地损害测谎的准确性，甚至造成严重的错误。

在这一部分，我们来讨论测前谈话中需要避免的几种常见错误。

错误一：忽视《谈话要点》与《发问提纲》的制作

与一些影视作品中所呈现的“临场即兴”式测谎不同，司法实践中的测谎必须经过充分的准备。比如，在对被测人进行正式测谎之前，测谎师要对所有在案证据进行全面的了解，对存在的事发现场进行细致的查看，对作案人的犯罪心理进行深入的分析，并对测谎问题进行周密的编制与设计。

除此之外，测谎师还应当在对测前谈话的具体思路进行认真梳理的基础上，整理制作出完备的《谈话要点》与《发问提纲》。

这一点十分重要，但有时容易被忽视。

原因在于，有的测谎师会认为，在对在案证据进行全面细致的了解后，自己对于案件中的所有测试相关情节均已了然于胸，再对《谈话要点》与《发问提纲》进行整理制作似乎是可有可无、费时费力，甚至是画蛇添足的。但越是经验丰富的测谎师，越会重视《谈话要点》与《发问提纲》的整理与制作。忽视这一工作，可能会给测前谈话带来以下几个方面的不利影响。

其一，记忆痕迹提取的杂乱无章。制作《谈话要点》与《发问提纲》的一个重要作用在于帮助、引导被测人对记忆痕迹进行系统的提取。脱离了完备的《谈话要点》与《发问提纲》，可能使得测前谈话的过程变得杂乱无章，测谎师“想到哪儿，问到哪儿”，被测人记忆痕迹的提取效果自然也会大打折扣。

其二，出现新情况时的方向偏离。测谎实践中，在测前谈话过程中常常会有新情况出现，如被测人在测前谈话阶段改变了先前的陈述，或是提出了新的说法。当新情况出现时，制作《谈话要点》与《发问提纲》对于避免谈话方向的偏离将起到重要作用。

其三，重要情节与信息的遗漏。测谎实践中，测前谈话的过程有时会持续相当长的一段时间。尽管测谎师或许在测试前的准备阶段已经对所有在案证据进行了充分的了解，但脱离了《谈话要点》与《发问提纲》，测谎师依然可能会在与被测人的谈话过程中遗漏一些重要的情节与信息。待到测谎的后续环节发现遗漏时再重新与被测人进行探讨核实，可能会造成测试误差的出现。

错误二：随意打断回忆线索

来看下面这段被测人陈述：

“走到一处公厕前，甲跟我说想去趟厕所，然后他就进了厕所，我就在外面等他。等甲从厕所出来，我正低着头玩手机。我跟甲说‘走吧’，这个时候突然觉得脖子一凉，我吓了一跳，仔细一看他拿着一把刀抵着我的脖子。我说‘你干什么’，他说自己也是被追债的人逼得没办法了，看在我跟他是发小儿的分儿上，帮帮他。我这个时候也生气了，就拽住他的胳膊去跟他抢这把刀。他是左撇子，我两只手就抓住……”

在测前谈话的过程中，测谎师常常会遇到类似情形：被测人在叙述情节A的过程中，突然提及其中的另一个情节B，并且情节B在被测人先前的叙述中从未被提及，或尽管情节B曾经被提及，但此刻被测人对情节B的叙述与先前对情节B的叙述存在明显差异。比如在本例中，被测人在先前的叙述中从未提及甲曾经用一把刀抵住他的脖子，或是虽然在先前的叙述中曾提到甲用刀抵住他的脖子，但强调二人并未发生抢夺。在此情况下，测谎师有时会想即刻打断被测人的叙述，并立即向被测人求证持刀行为或二人抢夺行为的具体情形。比如：

“等一下，你刚才说他拿了一把刀，是一把什么样的刀？”（先前从未被提及）

“你先停一停，我问你，你到底有没有跟他抢过那把刀？”（与先前的叙述存在矛盾）

但从测前谈话的角度来看，这种做法是欠妥的。

比如，个体在进行回忆的过程中，往往需要借助一定的记忆线索进行记忆提取。按照记忆心理学的观点，有时我们无法回忆起某些事物并非由于记忆痕迹本身已经消失，而是丢失了有效的回忆线索。鉴于此，随意打断被测人的叙述，将可能导致被测人回忆线索的丢失，本身不利于被测人记忆痕迹的提取。

再如，被测人在对情节A进行叙述的过程中，测谎师因想要求证情节B的内容而打断了被测人对情节A的叙述。但有时与情节A相比，情节B只是并不关键的次要情节。为了求证次要情节而打断主要情节的叙述，本身也是不适当的。

针对此情形，测谎师可以在被测人针对情节A的回忆和叙述完成后，再向被测人系统核实情节B相关叙述的真实性。

错误三：引发争论与对抗

测谎实践中，测谎师会遇到形形色色的被测人。有的被测人表述的观点很难被人接受，有的被测人在表述过程中会暴露出明显的逻辑矛盾。当这些情况出现时，测谎师应当明白，测前谈话本身的目的并非强硬地改变被测人的观点，迫使被测人接受测谎师的说法，或是强制性地要求被测人承认自己表述中存在不合理与矛盾之处，因此测谎师应当避免在测前谈话的过程中与被测人进行争论。

一个重要的原因在于，与被测人争论极有可能造成被测人对抗情绪的出现，诱发被测人的愤怒等负面情绪。说谎心理学的研究表明，争论所引发的负面情绪可能会给说谎的情绪诱发带来不确定性的影响，进而造成谎言识别的困难。

错误四：过多的封闭式提问

开放式提问与封闭式提问是测前谈话中测谎师经常使用的发问类型，前者给予了被测人自由发挥的余地，后者则为被测人的回答设置了具体的框架范围。

封闭式提问的一个重要优势在于能够给被测人带来一定的压力感。尤其当封闭式提问所涉及的内容为案件中的关键情节时，被测人体验到的压力感会更加明显。

测前谈话中存在两种极端做法：一是如审讯般严厉，整个谈话氛围紧张沉重，给被测人带来极其强大的心理压力；二是如好友般聊天，整个谈话氛围轻松自由，被测人几乎体验不到任何心理压力。

应当说，按照测谎的要求，第一种做法是不恰当的，可能导致测谎误差的出现，而第二种做法同样存在问题。

在测前谈话的过程中，被测人常常会因各种原因而产生紧张、焦虑或是恐惧等负面情绪，对于测谎师来说，应当在测前谈话的过程中通过多种技巧来消除被测人的这些负面情绪。但需要强调的是，这并不意味着在测前谈话过程中，测谎师不应向被测人施加任何心理压力，也绝不意味着被测人在整个测前谈话的过程中应始终保持心理上的松弛。

事实上，测谎实践中的测前谈话，本身是**在平等、中立、探讨的基础上同时具备一定心理压力的谈话**。被测人体验到一定的心理压力，本身并不会对测试结果的准确性造成不利影响。相反，其在一定程度上是确保测试结果准确性的重要保障。测谎师应当引导被测人体验到一定程度的心理压力，而使用封闭式提问就是实现这一目标的一种重要方法。

但单纯使用封闭式提问同样存在不足。首先，测前谈话并不是一个“测谎师提问，被测人回答”的简单过程，而单纯使用封闭式提问，可能会导致整个测前谈话陷入“你问我答，你不问我不说”的僵化局面。其次，尽管封闭式提问能够引导被测人针对一些关键情节给出明确的答案，但同时也压缩了被测人的表达空间，限制了被测人的表述意愿，不利于被测人进行主动的记忆提取，这可能导致大量的信息未被报告，测谎的思路出现漏洞。

错误五：漫无目的的开放式提问

对于开放式提问来说，其主要优势有以下几个方面：首先，开放式提问可以在测前谈话的初始阶段缓解被测人的紧张、焦虑等情绪，拉近测谎师与被测人的心理距离；其次，开放式提问能够引导被测人向测谎师提供更多的情节、想法和感受；最后，开放式提问能够引导被测人借助多种不同的记忆线索进行记忆痕迹的提取，提高回忆的效果。

而在测前谈话阶段，使用开放式提问可以在测前谈话的初始阶段缓解被测人的紧张、焦虑等情绪，有一点需要引起测谎师的重视。

在测谎实践中，测谎师可以在测前谈话的初始阶段使用开放式提问，但提问的数量不要过多，也不要全部与当前的事件毫无关联。在笔者所接触的被测人中，有的被测人在面对测谎师时保持着高度的戒备心理。而在测前谈话初始阶段，测谎师向被测人抛出一连串与当前案件毫无关联，且没有清晰逻辑的问题（如“你喜欢看足球赛吗”“你多久回一次老家”“你跟孩子的关系怎么样”），将可能造成被测人胡乱猜测测谎师询问这些问题的“意图”甚至背后的“圈套”，反而会进一步加剧被测人的紧张、焦虑等负面情绪，从而对测谎产生不利影响。

错误六：重“说”轻“听”

测前谈话绝不是一个测谎师“说”，被测人“听”的过程。恰恰相反，测前谈话是一个测谎师引导被测人“说”，并针对一些重要情节引导被测人回忆、探讨、解释、明确的过程。

对于测谎师来说，测前谈话阶段的“听”显然要比“说”更为重要。

事实上，重“说”轻“听”确实是个体的一种常见倾向。按照心理学的观点，与了解他人的感受相比，个体往往更需要倾诉自己的想法，宣泄自己的情绪，这一点无可厚非。但在测前谈话阶段，测谎师应当尽可能地培养自己的“倾听”意识。

在这里补充一点。倾听，同时也是心理咨询领域的一项重要技术。心理咨询师在接纳来访者的基础上，通过认真积极地倾听，认同来访者的内心体验，接纳来访者的思维方式，引导来访者积极思考，并最终与来访者建立良好的信任关系。心理咨询领域中的倾听技术，对于测谎师来说也存在许多值得借鉴之处。

关于“倾听”，心理咨询领域中存在许多技巧，如鼓励、澄清、释义、情感反映等，这些技巧对测前谈话同样具有借鉴意义。比如，在被测人陈述的过程中，测谎师可以适时地对被测人的陈述内容进行总结提炼，并向被测人询问测谎师是否准确理解了被测人的陈述内容。

这样做的好处有以下几点：其一，被测人会意识到测谎师始终在认真倾听自己的陈述，从而强化了被测人继续陈述的意愿，起到了一定程度的鼓励效果；其二，避免测谎师对被测人的陈述内容出现理解错误，进而使测谎方向出现偏差；其三，被测人在这一过程中对自己陈述内容的准确性再次进行反思，本身有利于被测人记忆痕迹的准确提取。

错误七：探讨性缺失

与其他类型的谈话相比，测前谈话的一个重要特点，在于其充分的探讨性。测谎师应当针对案件中的相关情节和信息与被测人进行充分的探讨，并在探讨过程中给予被测人充分的自由和机会对这些情节与信息进行描述、澄清和再回忆，而非将测谎师的观点和判断强加给被测人。

来看下面这段对话。

测谎师：停下车以后，又发生了什么？

被测人：我打开音箱放了首音乐，我俩就这么在车里坐着。后来她说觉得我这个人挺好的，然后凑过来亲了我的脸一下。我当时脑子一片空白，就抱住她在车里亲吻了起来。

测谎师：你说你们两人在车里的时候，她主动凑过来亲了你的脸？

被测人：是的。

测谎师：那不可能吧！你自己想一想，你们两个认识才不到一天，你比人家女孩年纪大这么多，人家女孩主动说喜欢你，还主动亲你，这是非常不合理的，不是吗？

被测人：是她主动亲的我……

测谎师：（制止被测人进行解释）我希望你实话实说，不要有侥幸心理。

被测人：我说的是真的。停下车后，我的右手就一直放在换挡杆上，当时她突然伸出左手，握住了我的右手。我当时也愣了一下，不过很快我反应过来她也对我有意思，所以我就顺势攥住了她的手。然后她就说觉得我……

测谎师：（再次制止被测人进行解释）好了，你先不要说了，这也太离谱了。我刚才跟你说过，如果你说谎的话，一定通不过今天的测谎。

被测人：……

测谎师：当时的情况，人家一个女孩子肯定不会主动去摸你的手，更不会主动去亲你。现在你重新讲一次当时发生的事情，不要再去编造一些情节。

被测人：……

测谎师：我现在不想再听到什么她主动摸你的手之类的话，你实事求是地讲。

被测人：……

在上述对话中，测谎师在测前谈话过程中并没有做到充分地探讨。在被测人向测谎师详细描述案发当时的具体情形时，测谎师多次制止了被测人的解释，明确否定了被测人的说法，并试图将自己的观点强加给被测人。

错误八：中立性丧失

在测前谈话阶段，测谎师应当以客观中立的立场与被测人进行谈话，而非戴着“说谎”或“有罪”的有色眼镜来对被测人预先做出评价。

来看下面这段对话。

测谎师：这家店的法定代表人是你吗？

被测人：是的。

测谎师：对于店内存在违法业务这件事情，你是否知情？

被测人：我完全不知情，我并不参与这家店的实际管理。

测谎师：2016年以后，这家店具体是由谁在管理？

被测人：2012年以来我陆续开了很多家店，具体到这家店在2016年以后是由谁在管理，我现在记不清了。

测谎师：你说你记不清了？好，你当然可以说记不清，但是你自己做了什么，你自己心里有数。

在这段对话中，测谎师显然已经认定被测人在关键问题上说了谎，只不过是在做无谓的狡辩。如果被测人本身确实无辜，那么被测人会敏锐地意识到，测谎师并非站在客观中立的立场上对自己陈述的真实性进行判断，进而对测谎师的专业能力产生怀疑，最终导致被测人对测谎师失去信任，对测试结果的准确性造成不利影响。

错误九：过多的价值判断

鉴于测前谈话探讨性、中立性与平等性的特点，在测前谈话的过程中，测谎师应避免做出过多的价值判断，随意进行结论性的表述。

来看下面这段对话。

测谎师：当天晚上，你们家一共来了几个人？

被测人：我叫了我的一个哥们儿，然后又叫了小雪过来陪我们俩喝酒。

测谎师：小雪是谁？

被测人：是之前有一次跟朋友在外面玩的时候认识的，后来我跟她接触的机会多了，慢慢我俩就好上了。

测谎师：你妻子知道吗？

被测人：不知道，她很少管我的事。

测谎师：你是有家室的人，你这么做是很不道德的，也是很不负责任的，你知道吗？

被测人：……

再来看下面这段对话。

测谎师：把当时的情况回忆一下。

被测人：那天大约是下午两点，我往自己家走，走到村东头附近我觉得有点累了，就坐在一间平房门口的石墩子上休息。过了几分钟，突然从房子里面冲出来两个男的，见到我二话不说，上来就对我拳打脚踢。

测谎师：那两个男的为什么打你？是不是因为你扒窗户偷看屋里的女的洗澡了？

被测人：没有，我没偷看女人洗澡。

测谎师：我刚才详细看了一下你的情况。你这个人以前就干过这样的事儿，我看你就是这样的人。

如果测谎师做出过多的价值判断或随意进行结论性的表述，很可能使整个测前谈话过程演变为一场说教。在此情况下，被测人将不再付出认知努力对记忆痕迹进行积极提取，从而使得测前谈话的目的无法顺利实现。

错误十：无原则地迁就被测人

注重探讨性、中立性、避免价值判断、重视倾听、避免争论与对抗等做法，都是测谎师基于被测人的角度而采取的消除测试误差的做法。但必须强调的一点是，在具体的司法实践中，测谎师面对的被测人是形形色色的，被测人在面对测谎师时的内心活动也是千差万别的。在面对被测人时，测谎师一方面应当对被测人给予充分的尊重，与被测人建立临时的信任关系，但另一方面又绝不能无原则地对被测人进行迁就。当发现被测人存在恶意挑衅与暗中破坏行为时，测谎师必须在第一时间进行严厉的制止，以鲜明的态度与果断的举措牢牢掌控测试的主动权与测试方向。

强奸创伤综合征：警惕假阳性错误

性犯罪类案件，是实践中较为常见的一类委托测谎案件。

在该类测谎案件中，常见的情形之一即嫌疑人与被害人单独处于某一封闭空间，被害人报案称嫌疑人对自己实施了非法侵害，嫌疑人辩称被害人是自愿与其发生性关系，或辩称其根本没有与被害人发生性关系。由于双方当事人各执一词，且具体到个案之中，有时存在的一些特殊性因素又会使单纯依靠生活经验对双方当事人的陈述真伪性进行判断变得困难，因此不能草率地认定嫌疑人确实对被害人实施了非法侵害，也同样不能片面地相信嫌疑人所做出的辩解。

鉴于此，为了帮助查清事实真相，案件承办人有时会将案件委托到测谎实验室，委托测谎师对案件中的嫌疑人与被害人分别进行测谎。

在测谎实践中，对强奸类案件中的被害人进行测谎，要保持足够的慎重，尤其要避免“假阳性错误”（即将真话误判为谎言）的出现。

强奸作为一种严重的犯罪行为，无疑会给被害人造成巨大的心理伤害，进而引发被害人在认知、情绪和行为等方面出现一系列特殊的表现。在心理学上，强奸犯罪的受害者所表现出的症状和反应被称为**“强奸创伤综合征”**。

对于测谎师来说，有必要对“强奸创伤综合征”进行了解，对强奸犯罪的受害者在认知、情绪和行为等方面的特殊表现进行更好的评估，从而对可能存在的测试误差进行及时修正，最大限度避免“假阳性错误”的出现。

1974年，伯吉斯与霍姆斯特龙提出了“强奸创伤综合征”这一概念，用于描述女性在遭受强奸之后发生的情绪等方面的变化。通过对寻求救助的强奸受害者进行长达数年的深入跟踪调查，伯吉斯与霍姆斯特龙发现，强奸受害者的情绪变化通常会经过两个阶段：**急性期和重组期**。

急性期在遭受强奸后会立即开始，通常持续数周。这一阶段的显著特点，就是受害者的生活出现了严重的混乱，处于一种震惊状态之中，内心感到了强烈的崩溃。

重组期则在遭受强奸数周后开始，历时性较长，受害者需要重新找回内心的平静感和对生活的控制感。但在这个过程中，受害者可能会遗留下一些心理问题。

事实上，不同的强奸受害者可能会出现不同的情绪表现。比如，在谈话过程中，有的受害者会表现出强烈的愤怒，对施暴者进行严厉的谴责，或是表现出明显的焦虑，对谈话的内容出现过度的警觉。但有的受害者的表现则完全不同，这些受害者在谈话过程中会表现出反常的呆滞，在回答上表现出十足的冷漠，或是在行动上表现出明显的迟缓。

从这个角度来说，可以将强奸受害者的具体情绪表现划分为两类。第一类为表达型，那些表现出强烈愤怒、明显焦虑、过度警觉的受害者即属于此类型。第二类为抑制型，那些表现出反常呆滞、回应冷漠、行动迟缓的受害者即属于此类型。

尽管不同的强奸受害者可能会表现出不同的情绪反应，但仍存在一些普遍性的常见情绪反应。在测谎实践中，对于强奸受害者常常会出现的以下几种情绪反应需要引起测谎师的重视。

一是恐惧。

对于强奸受害者来说，恐惧是急性期最普遍存在的情绪，同时也是最主要的情绪。在急性期阶段，许多强奸受害者始终处于强烈的恐惧之中。

强奸受害者所体验到的恐惧具体又可分为两类：第一类为具体的、现实的恐惧，如担心自己会怀孕、害怕被他人歧视等。第二类则为模糊的、非现实的恐惧，如受害者没有明确意识到自己恐惧的具体对象或内容，但依然会出现强烈的恐惧体验。

鉴于此，在测谎实践中，测谎师需要对强奸受害者可能存在的恐惧予以充分重视，并在测前谈话阶段投入足够精力，以确保正式测谎所得数据的“干净”与“清晰”。

另外一点需要引起测谎师充分注意的是，强奸受害者的恐惧感很可能导致**“刺激泛化”**的出现。

“刺激泛化”是经典条件反射理论中的一个重要概念。在巴甫洛夫的经典条件反射实验中，实验者在给狗提供食物之前会预先呈现铃声，然后再提供食物。在经过多次的配对呈现之后，仅仅单独呈现铃声而不呈现食物，就能够引起狗分泌唾液。

在这一实验中，食物是无条件刺激，因为狗看到食物分泌唾液是一种固有的反应。而铃声则为中性刺激，本身并不会引起狗分泌唾液。但通过将食物（无条件刺激）与铃声（中性刺激）进行配对呈现，就使得铃声变成了条件刺激，通过这种条件刺激即可以引起狗分泌唾液。

更为重要的一点在于，在通过条件作用使得个体形成了对某一刺激做出特定的行为反应之后，个体可能会对类似的刺激做出同样的行为反应。

这就是**“刺激泛化”**。

比如，在巴甫洛夫的实验中，当狗学会对一个音调高的铃声出现分泌唾液的反应之后，如果研究者呈现一个音调低的铃声，同样会诱发狗出现分泌唾液的反应。换句话说，我们一旦学会对某一个特定的条件刺激做出反应，其他与该条件刺激相似的刺激也同样会诱发我们做出反应。

这样的例子在生活中随处可见。比如，你刚刚经历了一次痛苦的拔牙经历，于是你开始对牙科医生所穿的白大褂产生一种恐惧。换句话说，只要你看到牙科医生的白大褂，就会感受到强烈的恐惧。然后，你走进一间厨房，看到一名厨师穿着白色的厨师服在工作。此时你可能也会对白色的厨师服感到恐惧，这就是“刺激泛化”在生活中的一个例子。

“刺激泛化”在行为主义心理学创始人华生的“小阿尔伯特实验”中同样有所体现。在这项饱受争议的实验中，研究者在实验正式开始之前，让小阿尔伯特接触了小白鼠、兔子、狗和棉絮、焚烧的报纸等物品。结果表明，小阿尔伯特对这些物品均没有表现出恐惧。

几个月后，小阿尔伯特再次接受实验。研究者将小白鼠放在小阿尔伯特身边，小阿尔伯特尝试伸出手去触摸小白鼠。此时，研究者在小阿尔伯特身后用铁棒敲打，发出了刺耳的响声。小阿尔伯特受到惊吓，哭了起来。之后，每当小阿尔伯特想要去触摸小白鼠时，研究者就会敲打铁棒。这样重复几次之后，小阿尔伯特只要一看见小白鼠就会感到恐惧，并开始哭泣。这表明，小阿尔伯特已经将小白鼠与巨响建立了联系，并诱发了恐惧反应。

十几天后，研究者将一只兔子放在小阿尔伯特面前。此时小阿尔伯特同样表现出了明显的恐惧，并且对小狗、白色的毛皮大衣、棉花等均产生了恐惧。

换句话说，小阿尔伯特将对小白鼠的恐惧泛化到了所有毛茸茸的东西上。

“遭受非法侵害”有时在特定条件下也会形成某种程度上的经典性条件反射。鉴于此，一些与非法侵害存在关联的场景或事物，都可能诱发受害者的恐惧情绪。

比如，如果作案人在实施强奸的过程中使用了匕首，那么受害者可能不仅会对匕首产生恐惧，也会对所有的刀具产生恐惧情绪。

比如，如果作案人是在一处地下室对受害者实施强奸的，那么受害者可能不仅会在处于地下室时被诱发恐惧情绪，也可能会在处于任何封闭空间时均被诱发恐惧情绪。

这一点在测谎实践中非常重要。尤其是测谎师在使用一些特定测谎范式并进行问题选项编制的过程中，需要充分考虑“刺激泛化”可能会对被测人生理指标的反应所产生的影响。

二是定向障碍。

在急性期阶段，强奸受害者可能会出现不同程度的意识模糊和定向障碍。所谓定向能力，简单来说是指个体对时间、地点、人物以及对自己本身状态的认识能力。而定向能力障碍，则是指个体的定向能力出现下降或完全丧失。

比如，当个体出现时间定向障碍时，可能会分不清具体的时间是早晨还是傍晚；当个体出现地点定向障碍时，可能会分不清自己所处的位置究竟是学校还是家中；当个体出现人物定向障碍时，可能会分不清自己与其他人的关系；当个体出现自身定向障碍时，可能会对自己的身份、姓名等搞不清楚。

显然，被测人出现明显的意识模糊和定向障碍，无疑会给测谎结果的准确性带来不利影响。鉴于此，在进行正式测谎之前，测谎师应当有意识地通过几组针对性的询问，对被测人是否存在意识模糊与定向障碍进行初步的评估。如果发现被测人确实表现出了明显的意识模糊与定向障碍，那么测谎师需要慎重考虑是否要对其进行正式测谎。

三是自责感。

尽管强奸类案件中的受害者是遭受非法侵害的一方，但在急性期却有部分受害者会产生自责感。比如，一些受害者会在遭受侵害后不断责备自己：

> “如果我当时让朋友陪我一起去就好了。”
>
> “如果我把门锁上，就不会出这种事情了。”

在测谎实践中，如果测谎师注意到受害者存在明显的自责感（如反复提及“如果我不这样做，就不会发生这样的事情”），那么同样应当引起足够重视。一个重要的原因在于，受害者在反复自责的过程中，很可能会诱发进一步的痛苦、内疚等负面情绪，这些负面情绪的出现可能导致受害者沉溺于负面情绪之中，无法以适宜的状态接受测谎。

四是不信任感。

笔者曾经多次提到，一次成功的测谎离不开被测人对测谎师的信任。测谎师需要让被测人相信，自己会始终保持客观中立的态度来对被测人陈述的真伪性进行判断，并且测谎师具备足够的专业能力来对被测人陈述的真伪性进行甄别。

对于诚实的被测人而言，对测谎师建立的信任感会使其放下先前存在的顾虑，消除可能存在的对抗情绪，心无旁骛地进行测试，并最终顺利通过测谎。相反，对于说谎的被测人而言，对测谎师建立的信任感会打消其侥幸心理，认识到谎言一定会被拆穿，并最终如实承认自己的谎言。

然而，在遭受非法侵害后，许多受害者对信任、安全和亲密关系的认识会发生改变，并可能会变得过分警觉，这无疑会给信任感的建立增加困难。鉴于此，测谎师在测谎过程中需要更加关注与强奸受害者信任关系的建立，以进一步消除可能存在的测试误差。

被试敏感性：一枚鼠标的“学问”

在这一部分，我们来关注测谎实践中一个操作层面的具体问题。尽管这一问题看似并不起眼，但其不仅在测谎中需要引起重视，在其他的心理学实验中同样需要引起重视。毕竟，测谎在本质上就是一个设计精巧的心理学实验。

对于被测人来说，“高度敏感”一词贯穿整个测谎的始终。这一部分我们要选择的切入点，是一枚并不起眼的鼠标。

测谎师：刚才，我们针对这件事进行了认真的讨论，你详细描述了这件事的经过。对于刚才的描述，你有需要补充的地方吗？

被测人：没有。

测谎师：有需要解释的地方吗？

被测人：没有。

测谎师：对于刚才的描述，你觉得有需要修正的地方吗？

被测人：没有。

测谎师：好，如果你没有补充、解释或是需要修正的地方，那么不论你先前有过怎样的描述，我将依据你此时此刻对我的描述来进行测谎问题的编制，并对你进行正式的测谎，明白吗？

被测人：明白。

测谎师：当然，在正式测谎之前，你还有什么不清楚的、想要弄明白的，可以直接问我。

被测人：没有了。

测谎师：在正式测谎的过程中，为了防止其他无关因素可能会对你的心理状态产生不恰当的影响，我现在将你的座位角度做一下调整。

被测人：好的。

在心理学实验过程中，将被试的位置调整至无法直接观察到主试的角度，是实验心理学控制实验误差的一种常用方式，对于消除“罗森塔尔效应”具有重要意义（所谓“罗森塔尔效应”，在实验心理学中也被称为“主试效应”。它是指主试的行为、态度和指导语的倾向，会在实验过程中对被试产生不恰当的影响）。同样，在测谎实践中，通过调整被测人座位的角度，使被测人无法直接观察到测谎师的一举一动，也是测谎师用于消除测试误差的常用方式之一。

一方面，站在主试的角度，在正式测谎阶段，作为主试的测谎师很难对自己的每一个细微动作或表情进行精确的觉知和控制；另一方面，站在被试的角度，作为被试的被测人在测谎过程中存在“高度敏感”，又会导致被测人对测谎师所呈现出的一举一动予以高度乃至过分的关注。鉴于此，这种做法实际上是测谎师针对被测人在测谎过程中可能出现的“高度敏感”采取的一种应对性措施。

事实上，在测谎实践中，针对被测人“高度敏感”而采取的应对性措施有很多。比如，在问题编制阶段，为了避免被测人对测谎题目中“负面词汇表述”的“高度敏感”，测谎师会有针对性地以“中性词汇表述”对“负面词汇表述”进行替代。再如，在测前谈话阶段，为了消除被测人由于对测谎技术本身与测谎师本人的陌生而产生的“高度敏感”，测谎师会使用一系列方法与技巧来消除被测人可能存在的对抗情绪，建立被测人对测谎技术与测谎师的信任感（注意，对诚实的被测人与说谎的被测人来说均是如此）。这些内容在我的《与谎言的每日相遇：测谎师办案的52堂实务课》一书中有详细的论述，在此不做赘述。

尽管测谎师已经对被测人可能存在的“高度敏感”进行了充分的考虑，并采取了一系列具有针对性的措施，但有时，被测人的“敏感”程度之高，仍会出人意料。

回到上面的例子中。

正式测谎开始，测谎师点击鼠标对测谎仪进行操作，对每一套测谎问题的测试有条不紊地进行。测谎师向被测人一一提出问题，被测人也分别给出明确的回答，测谎仪迅速而精确地记录下被测人在回答过程中各项生理指标的细微变化。

在被测人对某一问题做出回答后，其生理指标突然出现了一种特殊变化，测谎师当即对被测人生理指标的这一特殊变化进行记录与备注。并且，从控制实验误差的角度考虑，测谎师有意延后数秒对被测人进行继续发问。

待记录完毕，测谎师抬起头，发现被测人正一脸错愕地看着自己。测谎师询问原因，被测人说道：

“这两次按鼠标之间的间隔时间，比之前要长。”

站在主试的角度，测谎师或许并不会在意自己点击鼠标的具体时间间隔是否存在显著不同，并认为被测人也应当不会对此予以留心关注。但事实上，被测人对这一个微不足道的小细节始终保持着“高度敏感”。

一枚小小的鼠标，背后体现的是作为被试的被测人在测谎过程中的“高度敏感”。可以想象到，一方面，随着正式测谎的进行，“高度敏感”的被试可能会对测谎师操作鼠标的“点击时机”与“点击频率”逐渐熟悉。鉴于此，作为被试的被测人可能以鼠标的“点击时机”为基准，对测谎师的问题发问形成不恰当的“期待反应”，并可能会导致“超前反应”的不当出现。而“期待反应”与“超前反应”显然是实验心理学中应当重点控制与消除的误差。另一方面，当被测人敏感地觉察到测谎师操作鼠标的“点击频率”出现明显变化时，常常会对这一“变化”的成因进行“富有想象力”的主观揣测，如自己在先前问题的回答上是否出现了差错、测谎过程是否出现了某些意外情况，或者测谎师是否对自己的回答感到不满意。

由此可见，在正式的测谎过程中，鼠标的“点击时机”与“点击频率”等一些微不足道的细节可能在被测人“高度敏感”的叠加作用下诱发不容忽视的测试误差。在测谎实践中是这样，在其他心理学实验中亦是这样。鉴于此，在测谎实践中，遵循实验心理学“消除法”的设计逻辑，测谎师一方面可以尝试将声音等可能会诱发被测人“期待反应”与“超前反应”的干扰因素予以最大限度的消除；另一方面测谎师应当始终对被测人的“高敏感度”保持足够的重视，并在被测人出现如上例中的反常表现时予以及时干预，防范测试误差的产生。

证言自信度：自杀？他杀？

甲邀请乙、丙二人到家中做客。餐桌上，甲因为偷偷换酒而引起了乙的不满，二人遂爆发激烈争吵。

几分钟后，乙打电话报警，称自己在几分钟前与甲发生了口角与冲突，甲在激动之下情绪失控，拿起一把厨刀捅入了自己的身体，倒在地上昏迷不醒。

甲最终因为抢救无效而死亡，这一结果大大出乎乙的意料。在接受问话的过程中，乙始终坚称甲是自杀，自己虽然对甲充满愧疚，但甲的死并非由自己造成。

那么，甲的死究竟是在情绪失控下的自伤所致，还是乙在杀死甲后为了逃脱罪责而编造出甲自伤的谎言？

事发地点是在甲的家中，事发当时并无监控录像，甲也因抢救无效而死亡。鉴于此，丙所提供的证人证言就变得至关重要。

丙详细描述了事发当时自己所看到的具体情景。其中，关于那把厨刀的去向，丙明确表示，那把厨刀被他放进了电视柜的抽屉里。并且，在询问其对于这一情节的记忆是否准确时，丙表现出了强烈的自信。

然而，通过现场勘查，办案人员并没有在丙所说的电视柜中找到那把厨刀，也没有在电视柜中发现那把厨刀留下的任何痕迹。

事实上，办案人员在客厅北侧的地毯上发现了那把厨刀。

这不禁让人感到有些意外，丙这段高度自信的证言，与事实竟然并不相符。

具体到本案中，丙详细描述了案发当时的具体情景。综合来看，对于在厨刀去向的问题上出现的证言偏差，可以排除丙故意说谎的可能性。

对于这一现象，司法心理学进行了深入研究，并得出了明确的结论：

> 证人对于证言准确性的自信度，与证言本身内容的准确性之间并不存在直接关系。

出现这一现象的原因并不难理解，其中一个最重要的原因在于：

> 证人对于所提供证言内容的准确性表现出了高度自信，但我们并不清楚，这究竟是因为证人真的对证言内容存在清晰的记忆痕迹，还是仅仅因为证人本身是一个高度自信的人。

换句话说，这种高度自信究竟是源于证人的记忆痕迹，还是源于证人的个性特征？

如果证人真的对证言内容存在清晰的记忆痕迹，那么此时证人对于证言内容的准确性表现出高度自信，则证言内容在很大程度上是可信的。但是，如果仅仅因为证人本身具备高度自信的个性，甚至无论对于证言内容是否存在清晰的记忆痕迹，均会坚持自己证言的内容准确无误，那么此时我们需要对证人证言的准确性保持足够慎重。

回到前述例子中。

鉴于丙的证言对于帮助还原事发当时的详细经过具有重要作

用，办案人员对丙进行了多次询问。在回答问题的过程中，丙表现出了三个明显的特点。

特点一：反应迅速。这具体表现为，问题提出后，丙均会在第一时间迅速予以回答，没有丝毫的迟疑和犹豫，也没有呈现出明显的思考过程。

特点二：回答明确。这具体表现为，对于所提出的每一个问题（无论是重要情节还是非重要情节），丙均进行了明确的回答，没有在任何一个问题上出现模棱两可的回答，或是表示自己对于某一情节的记忆存在模糊。

特点三：高度确信。这具体表现为，在询问者对丙证言内容的准确性提出疑问时，丙并未对证言内容本身的准确性产生动摇。甚至在被告知其提供的证言内容与事实存在明显出入（如厨刀的去向）时，丙依然没有直接承认自己的记忆内容出现了偏差。

这起事件的发生十分突然，场面极其混乱，事件本身包含强烈刺激，且丙在事发当时曾饮过酒，但丙在提供证言的过程中依然表现出这几个明显特征。鉴于此，我们在对丙证言内容的准确性进行评估的过程中，也应当充分考虑丙的个性特征可能会对证言准确性产生的影响。

最后，我们来看这样一项心理学研究。

研究者将被试分为几组，分别在不同的房间填写表格。在被试填写表格的过程中，一个假扮的小偷从房间中偷走了一样物品。几组被试分别处于不同的房间，因此所看到的“小偷”停留的时间、“小偷”与他人说的话、“小偷”具体的穿戴等也存在不同。

之后，研究者要求被试从一些照片中辨认出刚才的那名“小偷”，并询问他们对于“证言”的准确性有多大把握。

结果表明，被试辨认的准确率与被试的自信程度之间没有任何关系。

但这项研究的重点并不在此。

接下来，研究者扮演法官，依据被试所提供的“证言”进行模拟审判。模拟审判的整个过程被摄像机全程拍摄下来，然后播放给新的一批被试观看。这批新的被试实际上扮演了“陪审员”的角色，他们的任务是通过观看录像来判断哪些“证人”的“证言”是可信的。

这项研究的结果表明，对于那些高度自信的“证人”所提供的“证言”，有77%的“陪审员”认为是可靠的；对于那些自信度较低的“证人”所提供的“证言”，有59%的“陪审员”认为是可靠的。

同时，研究者发现，尽管有的被试并没有看清“小偷”的相貌（因为用帽子遮住了脸），但由于他们在提供“证言”的过程中表现出了高度自信，因此“陪审员”相信了他们的“证言”。

照此看来，尽管证人的自信与证人证言的准确性之间并不存在直接关系，但那些表现出高度自信的证人无疑会对裁判者的判断产生更大的影响。

测谎万能论：拒绝“大包大揽”

关于测谎，一种常见的错误认识，是“测谎万能论”。

测谎并非万能的，它也存在一定的局限性。随着办理测谎案件数量的增多，测谎师对于这一点也会有更加深刻的理解。

作为一项心理学技术，测谎有其自身的局限性并不奇怪。事实上，正是因为一些局限性的存在，才要求测谎师在测谎实践中要坚持具体问题具体分析，而不应面对所有情形均不加选择地“大包大揽”，最终使得测谎的准确性与有效性难以得到保证。

比如，案件承办人委托测谎师进行核实的内容本身并不适合进行测谎，或者测谎在此情境中并非还原事实的最佳方法。此时，测谎师应坚持具体问题具体分析，不应不加选择地进行“大包大揽”。

还原事实的方法有很多，测谎只是其中的一种方法。笔者曾在《解剖谎言：测谎师办案手记》一书中提到过一起弑母案。该案的嫌疑人到案后，对于自己酒后持水果刀扎刺母亲的犯罪过程不愿进行详细供述，称自己在案发当时意识混乱，记忆不清。事实上，嫌疑人此时的表现在更大程度上是一种对创伤性事件与经历的心理防御，而非恶意的说谎与隐瞒。具体到这一案件，测谎并非还原事实的最佳方法。

再如，案件承办人委托测谎师核实的情节数量过大，将可能导致整个测谎思路的设计失去针对性，并可能会对测谎的结果与效果产生不利影响。此时，测谎师同样应该坚持具体问题具体分析，不应不加选择地进行“大包大揽”。

举个例子。

案件承办人将一起案件委托到测谎实验室。本案发生在一处偏僻荒地，案发当时仅有嫌疑人与被害人两人在场，并无其他目击证人在场，也无监控录像，且嫌疑人与被害人对于案发当时整个过程的说法存在明显分歧。鉴于此，案件承办人希望测谎师能够对嫌疑人与被害人分别进行测谎，以帮助判断二人的说法孰真孰假。

为了使得对两名案件当事人的测谎更具针对性，也为了确保整个测谎的结果能够有效解决案件承办人想要弄清楚的问题，测谎师请案件承办人列出希望通过测谎进行核实的具体问题。

案件承办人很快整理出了数量非常庞大的具体问题。在这多达数页纸的问题中，既有像“嫌疑人在案发当时掐过被害人的脖子吗”等与案件关键情节存在高度直接相关的问题，也有像“嫌疑人的日常支出由谁负责”“嫌疑人是一直住在这里吗”“那辆车是嫌疑人自己的吗”等与案件关键情节并不存在高度直接相关的问题。

在测谎实践中，这种情况并不少见。案件承办人之所以会列出数量如此庞大的问题，常常出于以下两种原因。

其一，案件本身的情节众多且情节本身十分复杂，而许多案件情节又存在不止一种的事实可能性。鉴于此，案件承办人列出数量巨大的问题，以期通过测谎来帮助还原事实。

其二，案件当事人的口供中存在大量的分歧之处。鉴于此，案件承办人希望借助测谎来对双方当事人口供中的诸多分歧进行一一核实，也因此列出了数量巨大的问题。

比如，在上述例子中，案件承办人即对嫌疑人供述与被害人陈述中存在的所有分歧之处进行了一一列举，这也就使得委托测谎的具体问题数量变得非常庞大。

一方面，案件承办人希望能够对双方当事人陈述中的所有分歧之处进行核实，这是完全可以理解的。但另一方面，在核实问题的数量方面，测谎确实存在一定的限制。

首先，并非测谎师想要核实某一问题，就能够天马行空地对被测人进行发问。相反，为了确保测谎结果的准确性，在核实每一个问题时，测谎师都必须严格遵循相应的测试范式，以消除可能出现的测试误差，这在很大程度上限定了测谎所能核实问题的数量。

其次，与其他一些还原事实的技术与方法相比，测谎的一个与众不同的特点在于其所面对的对象是“人”。在测谎的整个过程中，测谎师需要引导被测人充分调动认知资源进行深入的感知、回忆与思考，同时需要引导被测人始终保持注意力的高度集中。鉴于此，如果核实问题的数量过大，个体可能由于认知资源的过度消耗而对生理指标的反应产生微妙影响。对于一项心理学实验来说，这显然是一个不可忽视的实验误差。为了确保测谎结果的准确性，对于测谎过程中核实问题的数量也需要进行一定的限制。

回到这个例子中。

案件承办人向测谎师详细列举了希望借助测谎进行核实的问题。在此情况下，测谎师可以通过与案件承办人进行深入探讨，将这些数量巨大的问题进行等级划分，明确案件中直接的、关键的、结果具有唯一性解释的问题，在此基础上形成完整的测谎逻辑链，进行具有高针对性的测试。

问题设计：结果导向与行为导向

在笔者参与办理的一起测谎案件中，甲假借理财之名，成功骗取了多名被害人的大量钱款。然而，这些钱款并没有在甲的口袋中待得太久。很快，乙通过虚构的身份与伪造的证件骗取了甲的信任，并通过虚构工程项目的方式，将甲骗来的钱款又骗进了自己的口袋。

简单来说，本案中的甲对被害人实施了诈骗，乙又继而对甲实施了诈骗。

在测谎实践中，测谎师有时会遭遇这种“连环骗”“连环盗”案件。这种并不罕见的情形引出了测谎问题设计过程中的一个原则：

测谎题目的设计应当以“行为”为导向，而不宜以“结果”为导向。

以测谎实践中较为常见的伤害类案件为例。该类测谎案件的常见委托情形之一，即嫌疑人声称被害人受伤与自己无关，被害人则坚称自己受伤是嫌疑人造成的。此种情形下，案件承办人为了进一步明确被害人受伤的原因，会将案件委托到测谎实验室。

来看下面这样一道针对嫌疑人的测谎题目：

“某某（被害人）的伤，是你造成的吗？”

这道题目就是一道以“结果”为导向而设计的测谎题目。

以“结果”为导向设计测谎题目的一个潜在缺陷在于，整个事件的发生在过程上可能会存在多种可能性，同时又不可避免地会给被测人内心的“自我合理化”留下较大空间，进而导致被测人生理指标的反应出现偏差。

鉴于此，测谎师可以考虑以“行为”为导向来进行测谎题目的设计。比如：

“事发当时，你跟对方有身体接触吗？”

再如：

“你当时拿过一根棍子吗？”

“事情发生后，你给某某打过电话吗？”

“事故发生当时，你坐在主驾驶位置吗？”

“事发当晚，你拿过那把菜刀吗？”

借助一系列逻辑上环环相扣的以“行为”为导向的测谎题目，测谎师一方面可以有针对性地还原出被测人的每一个客观行为，另一方面也可以在最大程度上压缩被测人的“自我合理化”空间，最大限度地降低测试误差的出现。

有效应对：假装未被污染的被测人

在正式测谎开始之前，测谎师一定会对被测人的心理污染状况进行评估。

测谎实践之中，被测人遭受心理污染，很多时候是因为被测人通过其他途径获知了案件中的一些关键隐蔽信息。

案件中的关键隐蔽信息，是指具体到该起案件中所存在的一些特异性较高、隐蔽性较强的情节信息。如某起故意杀人案中，凶手所使用的凶器为一把钳工锤；如某起盗窃案中，凶手入室作案的时间为凌晨两点；如某起抢劫案中，凶手把一顶帽子遗留在了作案现场。

案件中的关键隐蔽信息，对于测谎思路的编制具有重要作用。通过对案件中的关键隐蔽信息进行有针对性的提取，测谎师会据此设计出一系列的测谎问题，并使用特定的测谎范式来探查被测人对于案件中的关键隐蔽信息是否存在相应的心理痕迹。

一般来讲，仅作案人本人才会知晓这些关键隐蔽信息，并形成相应的犯罪心理痕迹。但在司法实践之中，即使是作案人之外的无辜者，也仍有可能通过其他途径获取到案件中的关键隐蔽信息，并形成相应的心理痕迹。

测谎实践中，这是被测人遭受心理污染的一种常见情形。

如果被测人遭受心理污染，那么测谎师就有必要及时变换测谎思路，对测谎问题进行相应的调整，否则可能导致对测谎结果的解释出现错误。

错误是如何出现的？

举个例子。

某地发生一起纵火案。通过调取监控录像，办案人员发现一名男子在案发时间出现在起火房屋附近，且在离开现场的过程中，行为举止存在明显异常。然而，该名男子到案后坚称，案发当晚自己一直在家中没有出门。

经过现场勘查发现，房屋的起火点是卧室内床上的床单。作案人应当是通过引燃屋内的床单实施了这起纵火犯罪。

这就是本案中的一个关键隐蔽情节。测谎师依据这一情节，编制了这样一套题目。

问：那间房屋的起火点是在哪里？

问：起火点是在窗帘吗？

问：起火点是在油漆桶吗？

问：起火点是在床单吗？（目标问题）

问：起火点是在衣柜吗？

问：起火点是在书架吗？

问：起火点是在灶台吗？

……

依照这一套题目的设计逻辑，如果该名被测人为真正的作案人，那么其对于房屋的起火点应当有着较为清晰的犯罪心理痕迹。鉴于此，当真正的作案人在对“起火点是在床单吗”回答“不知道”时，其生理指标应当会出现显著的异常反应。相反，如果该名被测人并非真正的作案人，那么在对这一系列的问题进行回答的过程中，其生理指标并不会出现显著性的异常变化。

但在使用这套题目对被测人进行测谎之前，测谎师首先需要评估被测人在该隐蔽情节上是否遭受了心理污染。

于是，测谎师问这名被测人：

“到现在为止，你是否从其他人那里听说，或通过其他途径得知了起火点的位置？”

被测人摇了摇头，说道：

“我不知道，我也没听别人说过。到现在为止，我对所有的事情一无所知。”

测谎师使用这套题目对被测人进行正式测谎。这套题目的测谎结果显示，被测人对于这一关键隐蔽情节具有清晰的记忆痕迹。

由此看来，这名被测人很可能就是真正的作案人。但事实上，真正的作案者另有其人。

在这里笔者仍然需要再一次进行强调，在真正的测谎实践中，测谎结果绝非单纯凭借一套问题的测试结果即可得出结论。测谎师需要通过设计和使用逻辑上层层嵌套的数套问题，对被测人的心理痕迹进行完整的和系统的探查，才能最终得出准确的结论。为了方便读者理解，以及更好地突出笔者想要表达的重点，笔者在本书中对测谎过程做了很大程度的简化。

回到这个例子中。

出现错误的原因在于，这名被测人恰恰是一名“假装未被污染的被测人”。

笔者在《解剖谎言：测谎师办案手记》一书中，曾专门提及这类“假装未被污染的被测人”。至少就笔者本人而言，在办理测谎案件的过程中，要始终对这类“假装未被污染的被测人”保持十二分的警惕。应当说，针对被测人心理污染的问题，测谎领域中的相关学术研究更多着眼于在被测人遭受心理污染情况下的应对方法，即在已经明确被测人遭受心理污染的情况下，测谎师应当如何变换测谎思路和调整发问角度，以最大限度地降低测谎的误差。但对于这类“假装未被污染的被测人”，相对而言实践中并未给予太多的关注。

但笔者个人认为，在真正的测谎实践中，这确实是一个相对普遍的问题，也是一个十分重要的问题。

说这是一个普遍的问题，是因为这类“假装未被污染的被测人”在测谎实践中十分常见，并非罕见的个例。无论是真正的作案人还是无辜者，都可能会出于种种原因而在面对测谎师的询问时谎称自己对于某关键隐蔽信息并不知情。

说这是一个重要的问题，是因为如果无辜者出于某些原因谎称自己未遭受心理污染，而测谎师又未能够及时予以发现和识别，那么在“确认偏误”（是指个体总是倾向于寻找证据来证实自己的判断，而非证伪自己的判断）的叠加作用下，可能会对测谎结果进行错误的解释，导致无辜者被误判为作案人，即出现“假阳性错误”。

上例中，该名被测人在接受测谎之前，事实上已经通过其他途径推测出了这起案件中的起火点是卧室内的床单。然而，在测谎师询问其是否已经通过其他途径得知这一关键隐蔽情节时，这名被测人却矢口否认。鉴于此，尽管被测人对于起火点存在相应的心理痕迹，但这并非其基于自身的作案体验而形成的犯罪心理痕迹。

测谎实践之中，这类“假装未被污染的被测人”并不少见。那么，我们应当如何来识别和应对呢？

在此之前，我们有必要先来思考这样一个问题：

被测人为何要谎称自己并未遭受心理污染？

我们或许会想当然地认为，遭受心理污染的被测人完全可以在测谎师进行询问时，直截了当地承认自己已经通过其他途径了解到案件中的一些关键隐蔽信息。但事实上，测谎实践中的具体情形要比想象中复杂得多，被测人在面对测谎师时的心理活动也要比想象中复杂得多。

被测人谎称自己并未遭受心理污染，实践中的常见原因有如下几个。

其一，在接受测谎的整个过程中，被测人总是会不停地思考，怎样的表现会对自己的测谎结果更为有利。这一点，对于诚实者与说谎者来说都是一样的。

被测人在接受测谎时，往往是第一次与测谎师进行接触。鉴于此，被测人会担心，如果向测谎师如实承认自己对于案件中的一些关键隐蔽情节知情，那么很可能会给测谎师留下“该名被测人与本案脱不了干系”的不利印象。鉴于此，被测人更倾向于选择坚称自己对所有案情一无所知，并相信这对自己的测谎结果是有利的。

其二，被测人对于测谎原理与特定测谎范式的测谎逻辑并不清楚，因此会认为自己在对这一系列问题进行回答时，表示“不知道”是一种更为稳妥的方法。

事实上，在测谎实践中，许多被测人也会坚持这样的想法，即“我又没做过，我本来对所有的事情就是一无所知”。

其三，不同被测人之间有时会存在一些明显的性格差异。一些被测人性格相对内向，本身并不擅于言语表达。鉴于此，在被问及对于一些案件中的关键隐蔽信息是否知晓时，部分被测人因为担心在承认后无法向测谎师解释清楚，索性一口咬定自己对于案件隐蔽信息一无所知。

其四，被测人有时会持有很强的戒备心，在接受测谎的过程中担心测谎师是有意通过一些问题来“套”自己的话，或是设置了对自己不利的陷阱，因此自始至终坚称犯罪行为与自己无关，自己对于犯罪行为也一无所知。

下面，我们来探讨如何识别与应对这类“假装未被污染的被测人”。

在测谎前的准备阶段，测谎师就应当开始对被测人可能遭受的心理污染给予充分关注。比如，在最初查阅卷宗的过程中，测谎师应当有意识地关注被测人到目前为止可能会从其他途径获取到哪些关键隐蔽信息，并据此对测谎思路、测谎范式、测谎题目进行相应的调整和变换。

需要注意的是，在测谎前的准备阶段，测谎师应当尽可能对全部的案件材料（包括被测人接受询问或讯问的录像等）进行认真查看，以避免对被测人所遭受的心理污染情况有所遗漏。

接下来，在对被测人进行测谎的过程中，测谎师可以通过以下几种方法来识别与应对这类“假装未被污染的被测人”。

首先，测谎师应当明白：

> 被测人谎称自己对于案件中的关键隐蔽情节并不知情，有时并不一定是一种对抗行为。相反，很多时候被测人对此故意隐瞒，其实是出于一种困惑。

鉴于此，测谎师有必要向被测人说明使用隐蔽情节进行测谎的原理与逻辑。笔者始终认为，在正式测谎开始之前，测谎师应当向被测人如实告知测谎的基本原理，而不应对此讳莫如深，或是故弄玄虚。一方面，从提高准确率方面来看，大量的测谎实证研究已证明，被测人对于测谎原理与逻辑的正确理解是确保测谎结果高准确率的一个重要前提；另一方面，对于测谎原理与逻辑的正确理解也会帮助被测人放下先前的困惑与顾虑，坦诚表述自己知晓的关键隐蔽信息。

事实上，在笔者所参与办理的测谎案件中，相当一部分被测人在测谎师对其进行初次询问时，矢口否认自己对于某些关键隐蔽信息知情。但在对其说明隐蔽情节的基本测谎逻辑后，被测人恍然大悟，随即向测谎师告知自己通过其他途径已经知晓的关键隐蔽信息，从而使得测谎师能够及时对测谎题目和测谎范式进行调整，避免对测谎结果出现解释错误。

其次，按照法律心理学的观点，无论是真正的作案人还是无辜者，在被卷入一起案件之后，均会逐渐体验到对周围事物的失控感，并进而表现出不同程度的过度警觉。在测谎实践中，被测人谎称未遭受心理污染，其实也是过度警觉的一种表现。

鉴于此，“信任感”在测谎过程中显得尤为重要。测谎师需要通过多种方法与技巧来引导被测人形成对测谎师的信任感，这对于预防“假装未被污染的被测人”的出现也是非常有利的。

最后，测谎师应当向被测人说明这样一点：自案件发生至今已过了相当长的一段时间，所以如果被测人通过其他途径知晓了案件中的一些关键隐蔽信息，那么这是正常的，并不代表被测人即与案件存在干系。测谎师在整个测谎过程中所做的一切，只是为了尽可能地消除可能存在的测谎误差，避免对测谎结果进行误判。

测谎指导语：不受控制的思维

一起测谎案件，鉴于被测人在此之前并未接受过专业测谎测试，测谎师可以先对其进行一次模拟测试。

模拟测试的形式是常见的“数字测试”，要求被测人在纸上写一个4 ~ 8之间的数字。接下来的测试指导语如下：

> “下面我会问你一系列的问题，比如，你所写的数字是2吗？你所写的数字是3吗？在我提问的过程中，我希望你在头脑中始终记住你所写的那个数字，听清我问你的问题，然后回答‘是’或者‘不是’。但是请注意，当我问到的正是你所写的那个数字时，我仍然要求你回答‘不是’。换句话说，我要求你在这个问题上撒一个谎，能明白吗？”

发问开始。

在被问到“你写的数字是7吗”时，被测人回答“不是”，此时生理指标出现了显著的异常变化。这表示，被测人在纸上所写的数字正是7。

接下来进行第二遍测试。但在第二遍测试开始之前，测谎师决定对先前的指导语做一下改变。具体的指导语如下：

“接下来我依然会向你发问一系列问题，回答的要求跟刚才一样。但是，这次在我发问的过程中，我希望你不要去想你刚才所写的那个数字究竟是多少，你能明白吗？”

第二轮的发问开始。在被问到“你写的数字是7吗”时，被测人的生理指标同样出现了显著的异常变化。并且令测谎师略感意外的是，被测人生理指标的异常程度与前次相比，出现了更为明显的增强。

当前应用于司法实践的心理学技术，大多数均需要当事人保持相当程度的注意聚焦，测谎当然也不例外。在这一部分，我们就来关注这样一个问题。

来看下面这段对话。

测谎师：你的意思是，他（被害人）的死完全出乎你的预料，是你之前所没有想到的，是这样吗？

被测人：是的。他这个人没了以后，他先前的那些债主现在都跑到我家来闹事，找我要钱，把我家弄得不得安宁。真的是不得安宁，我妻子前阵子因为这件事跟我吵了一架，也回娘家了，然后我……

……

测谎师：在接下来的时间里，我希望你不要再一直去想那些债主到你们家闹事的事情。专心思考我问你的下一个问题，明白吗？

被测人：我知道了，我不去想那些事情了。

测谎师：对，这就是我想跟你强调的，不要再去想那些债主的事情了。

……

现在，我们来思考这样一个问题：

此时的被测人，真的能做到不再去想那些事情了吗？

由此牵出了心理学中的一种重要效应："白熊效应"。

所谓"白熊效应"，是指当我们想要在头脑中抛弃或者停止某种想法时，却会造成该种想法更为强烈的回归和再现。

之所以被称为"白熊效应"，是因为最初发现这一效应的心理学实验正是以"白熊"作为实验对象。**在这项心理学实验中，研究者要求被试不要去想象一只"白熊"，结果被试的思维出现反弹，很快在脑海中浮现出了一只"白熊"。**

具体到上面这段对话中，尽管测谎师要求被测人不要再去想债主上门催债、家中不得安宁的事情，但被测人却可能会因为"白熊效应"而对这些事情进行更为强烈的关注与回忆。

那么，为什么我们的思维会如此不受控制？

心理学认为，当我们想要停止对某一事物的想象或思考时，我们的思维会开始无意识地对这个过程进行自主监视，来检查我们是否还在想那个不应该想的事物。

矛盾出现了。一方面，我们在有意识地抑制对某一事物的想象，但另一方面，我们也在无意识地寻找那个需要被压抑的想法，这使得我们根本无法停止对该事物的关注。

换句话说，当我们被告知不要去想某事物的时候，我们的注意力其实已经被该事物所吸引。

那么，在测谎实践之中，要如何来尽量避免和减少“白熊效应”所带来的影响呢？

心理学认为，一个重要的方法，就是对注意聚焦进行转移。转移注意力，将注意聚焦从当前需要抑制的想法上移开，是消除“白熊效应”的一种有效方法。

在测谎实践中，测谎师需要引导被测人进行相当程度的注意聚焦。如果在测谎的进行过程中，测谎师敏锐地发现被测人的注意力被某些无关情节所吸引，那么此时测谎师并非一定要当即向被测人明确强调，要求被测人停止对该情节的注意聚焦。

正如前文中所提到的，如果测谎师向被测人反复强调“不要去想那件事情”，本身可能是对“那件事情”的再次强化。

测谎师可以通过转移被测人的注意聚焦来尝试消除“白熊效应”。比如，测谎师可以引导被测人对案件中的某些相关情节进行深入回忆和细致描述，调动被测人投入认知资源来对当前的案件相关情节进行思考，自然而然地转移被测人对某些无关情节的注意聚焦。

再如，在与被测人进行对话的过程中，测谎师可以选择不向被测人强调“不要去想那件事情”的重要性，转而有针对性地向被测人强调接下来要讨论的问题和事件对于被测人的重要性，同样可以较为有效地引导被测人的注意聚焦进行转移。

除此以外，针对“白熊效应”，测谎师可以有意识地用“肯定式指令”来代替“否定式指令”。

对于刚刚失去亲人的朋友，为了帮助他们从悲痛中走出来，我们常常会进行这样的劝说："不要再一直想着从前的事了，那只会让你更伤心。"这就是一个否定式指令。尽管所表述的内容为"不要再一直想着从前的事了"，但在大脑中被强调的内容却可能会是"从前的事"，大脑中所浮现的画面也同样可能会是从前的事情，从而使得被劝说者体验到更为强烈的悲伤。鉴于此，劝说者可以用"肯定式指令"进行替换。比如，将"不要再一直想着从前的事了"替换为"你应该多想想未来，想想以后"，引导被劝说者从沉痛的过往中走出来。在测谎实践中，同样可以借鉴这一技巧。

老年被测人：个性化的身心特征

被测人：去年六七月的时候，有一天我开门出去，正好看到那小子往我车里扔垃圾，被我抓了个正着。我当时就喊他，让他别走。那次闹得挺大，也惊动了左邻右舍，好多人都知道这件事情。我们村一个老太太就跟我说，像他这样的人应该直接被枪毙，留着就是个祸害。

测谎师：今天找你来，主要是想要跟你核实今年8月初的那天，你跟他在他家里发生的事情。

被测人：好，好……往我车里扔垃圾那件事过去以后过了……一个月左右吧，一天晚上我开门出来乘凉，就看到我们家小门那儿有一个黑影，正对着我家小门站着。我看那个身形像是他，就喊了一声，那个人回过头，我一看果然是他。他当时转身就跑了，我赶忙快走两步到了我们家小门那儿，这小子在我们家小门这儿撒尿呢！

测谎师：你们之前或许曾发生过一些矛盾和冲突，但今天安排你过来，先梳理一下今年8月初那天的事情。

被测人：实在不好意思，一说起他这个人来，我就忍不住要提这些事……他这个人啊，不光是我，村里其他人也没少被他祸害。前两个月的时候，我们家后院住的两个小姑娘把一床被子晾在外面，那小子把尿撒在人家姑娘被子上面。那天晚上半夜了几个小姑娘来我房间找我，我给她们找了床被子凑合了一晚上……

以上是测谎师与一名被测人的部分谈话。从年龄上来说，该名被测人是一名近七十岁的老年人。

发展心理学认为，个体在进入老年期后，感知、记忆、思维、情绪、情感、人格等方面均会出现明显的变化，呈现出一系列鲜明的特征。当老年人作为被测人接受测谎时，在一些方面同样会表现出异于其他年龄段被测人的个性化特征。

鉴于此，在测谎实践中，当被测人本身为老年人时，测谎师会对测谎保持足够的谨慎。

应当说，老年被测人在感知、记忆、思维、情绪、情感等方面会出现许多明显的个性化身心特征，但我们在这里只选取部分特征进行讨论。如果这些身心特征没有得到充分的重视，或是对其控制不当，可能会对测谎结果造成直接的、明显的影响。鉴于此，在对老年人进行测谎的过程中，测谎师有必要对这些个性化的身心特征予以充分的考虑，并在此基础上对测谎思路与测谎题目的设计进行充分调整。

老年人作为被测人接受测谎，第一要考虑的是其**感知觉方面的退化**。

随着年龄的增大，个体的视觉、听觉、味觉、嗅觉等均会出现不同程度的弱化，老年人自身也会清楚地察觉到这些方面出现的变化。

在办理测谎案件的过程中，笔者发现老年被测人有时会出现这样一种情况，需要引起测谎师的重视：

由于老年被测人明确意识到自己在视觉、听觉等方面的功能出现明显下降，尤其在反应时间方面出现明显的延长（即一些老年被测人常常表示“自己的反应变得迟钝”），再加上作为被测人本身对于测谎技术的陌生感，一些老年被测人在正式测谎的过程中会担心自己在反应上的迟钝与滞后导致测谎结果对自己不利，担心测谎师会将自己误判为“说谎”。

这一系列的担心与顾虑可能导致老年被测人在对测谎问题进行回答的过程中出现多方面的反常表现。比如，因担心回答的反应时间过长不利于测谎结果，反而导致**“提前回答”**现象的出现。鉴于此，在正式测谎开始之前，测谎师有必要针对这些担心与顾虑向老年被测人进行解释与答疑，并在正式测谎的过程中有意识地对题目的表述方式与呈现方式进行调整，以保证老年被测人能够对测谎问题进行正确、有效的感知。

老年人作为被测人接受测谎，第二要考虑的是**记忆方面的五个特点**。

记忆痕迹的清晰是测谎得以顺利开展的重要基础。认知心理学将记忆区分为信息编码、信息存储和信息提取三个相互独立又相互作用的基本过程。老年人的记忆能力下降，其实就是在信息编码、信息存储和信息提取的过程中遇到了困难。总体来看，随着年龄的增长，个体的记忆能力在逐渐衰退。但具体到测谎实践中，老年被测人的记忆又存在以下五个特点。

第一个特点是，老年被测人往往能够对与案件核心情节存在高度关联的其他情节保持相对较好的记忆，但对与案件核心情节关联度不高的其他情节则记忆效果不佳。

比如，老年被测人可能会对案发当时嫌疑人所持的凶器、嫌疑人所穿衣服的颜色等情节保持较好的记忆，但对几名嫌疑人进入室内的顺序等情节的记忆效果可能不佳。鉴于此，在以老年人为被测人的测谎实践中，测谎师应尽量选取与案件核心情节存在高度关联的相关情节进行测谎题目的编制。

这一特点可以从多个方面进行解释。比如，随着年龄的逐渐增大，老年人工作记忆的容量逐渐减小，注意分配能力逐渐下降，这些均会导致老年被测人这一记忆特点的出现。

第二个特点是，老年被测人往往对较长时间以前发生的事情保持清晰的记忆，而对最近发生的事情出现不同程度的遗忘，即俗称的“远事清，近事忘”。

美国作曲大师科普兰曾经对自己进入老年后的状况进行了这样的总结：

> “我能记起四五十年前发生的所有事情，包括时间、地点、表情、音乐。但是下一个月我就要过90岁生日了，我却根本记不住昨天发生的事情。”

有意思的一点是，科普兰“下一个月”要过的并不是90岁生日，而是80岁生日。

在测谎实践中，老年被测人在与测谎师谈话的过程中，对于很久之前发生的事情常常会进行细致入微的描述，并给人以强烈的栩栩如生、身临其境之感。

第三个特点是，“再认”能力强于“回忆”能力。

在记忆心理学中，“再认”与“回忆”均为记忆的第三环节（前两个环节为“识记”和“保持”），但二者又存在显著区别。“再认”是指过去经历过的事物再度呈现时能够识别出来的心理现象，典型的“再认”是“认出案发当时凶手所使用的一把凶器”；而“回忆”是指把过去曾经经历过但当前并未作用于我们的事物，在头脑中重新呈现出来的过程。典型的“回忆”是“回想起案发当时凶手对自己说的一句威胁的话”。

从概念上看，二者的一个重要区别在于经历过的事物是否在个体的面前再度出现。如果没有出现则为“回忆”，出现则为“再认”。心理学认为，相比“回忆”而言，“再认”更加简单和迅速。换言之，个体能够对某一事物或情节进行“回忆”，则基本能够顺利地进行“再认”，但能够进行“再认”却未必能够顺利地进行“回忆”。一个典型的例子就是部分老年被测人会出现“认识某人但叫不出名字”的情况。这里的“认识某人”即“再认”，“叫出名字”即“回忆”。对于老年被测人来说，尽管其记忆功能总体出现下降，但“再认”能力相对要高于“回忆”能力。

有心理学家指出，老年人“再认”能力相对高于“回忆”能力，表明老年人记忆功能下降的重要原因在于对记忆的“信息提取”出现了困难，而较少是因为“信息编码”与“信息存储”环节出现了障碍。

第四个特点是，“意义记忆”强于“机械记忆”。

“意义记忆”是指个体在对事物理解的基础上，依据事物的内在联系，运用有关的知识经验进行的记忆。

在笔者所接触的老年被测人中，有相当一部分老年被测人拥有非常丰富的人生阅历。鉴于此，对于老年被测人而言，尽管其记忆功能总体出现下降，但其本身所拥有的丰富社会经验和个人阅历能够有效地帮助其借助相关的知识经验对事物进行理解与记忆，即进行有效的“意义记忆”。从这个层面上来讲，老年被测人丰富的社会经验和人生阅历能够在一定程度上“弥补”其在记忆方面出现的功能下降，帮助老年被测人在接受测谎的过程中对案发当时的具体情形进行有效的还原。

但对于“机械记忆”来说则不是这样。“机械记忆”是通过多次的重复学习，依据事物的外在联系，较少运用有关的知识经验进行的记忆。记忆心理学中典型的“机械记忆”测量方式为“数字广度测验”。对于老年被测人来说，“机械记忆”能力会出现明显的下降。鉴于此，测谎师在编制测谎题目的过程中，应优先选择有意义的、有逻辑联系的记忆内容对老年被测人进行测谎。

第五个特点是，对日常生活记忆的高依赖性。

对于老年人来说，感知觉功能的衰退使得他们对全新、陌生事物的理解、接受和适应能力出现显著下降。鉴于此，老年人所进行的许多记忆都高度依赖日常生活记忆，这对于老年被测人来说亦是如此。

比如，在测谎实践中，如果事情发生的地点是老年被测人十分熟悉的日常活动场所，发生的事情本身也与其日常活动存在较高关联，那么此时老年被测人能够较好地借助日常生活记忆对该事件进行感知和理解，并在此基础上形成较好的记忆。相反，如果事情发生的地点对于老年被测人来说十分陌生，发生的事情本身也与其日常活动无关，那么此时老年被测人可能会在对该事件进行感知和理解的过程中遇到困难，并直接影响到对该事件的记忆效果。

老年人作为被测人接受测谎，第三要考虑的是**思维方面的“固执刻板”**。

对于老年人来说，首先，丰富的社会经验和个人阅历使其形成了稳定的是非评判标准，对于什么是“对的”、什么是“错的”、什么是“有理的”、什么是“理亏的”、什么是“合法的”、什么是“违法的”有着自己的判断。其次，随着年龄的增长，老年人在分析问题和解决问题方面逐渐形成了固定化的思维方式，思维本身的灵活性出现了下降。最后，认知功能的下降使得老年人对新事物、新观点的接受和适应遇到了一些困难。几方面的原因叠加在一起，导致部分老年人的个性表现出明显的“固执刻板”。

在测谎实践中，老年被测人在思维方面的“固执刻板”常常表现为从“单一维度”对事件与行为进行评价，而较难综合其他维度进行评价。比如，有的老年被测人在对自己与他人的行为进行评价时，会将“道德维度”作为单一的评价维度，甚至在很大程度上忽视“法律维度”方面的评价，即使在对其进行多次的解释与说明后其仍难发生转变。

应当说，老年人在思维方面“固执刻板”的特点不仅在测谎实践中需要引起重视，在审讯实践中这同样是一个重要的问题。在许多关于审讯的专业书籍中，也常常能够看到针对这一问题的专门论述。

老年人作为被测人接受测谎，第四要考虑的是**情绪方面的“体验深刻而持久”**。

发展心理学认为，个体在步入成年晚期阶段后，社会地位发生重大变化，身体逐渐开始出现疾病，视觉、听觉、味觉等功能逐渐退化，子女逐渐离开家开始独立生活，爱人常常生病需要照顾，鉴于此，“抑郁情绪”是个体在步入成年晚期阶段后一种常见的负面情绪。

关于如何缓解老年人的“抑郁情绪”，心理学家进行了大量的研究与实践。但具体到测谎领域，需要引起测谎师重视的是老年被测人在情绪方面的另一个特点，即“情绪体验深刻而持久”。

笔者曾在办理一起测谎案件的过程中遇到这样一名老年被测人，在与其对事情进行梳理的过程中，该名被测人谈及自己与另一名案件当事人之间的一些事情时义愤填膺，用力拍打自己的腿，愤怒情绪久久无法平复。事实上，在前文所列出的那段对话中，被测人也是在回忆与另一名案件当事人发生纠纷的过程中被诱发了强烈的愤怒情绪，这种强烈的愤怒情绪使得被测人的整个注意焦点发生了转移。

针对老年被测人的这一特点，测谎师应当注意两点：一是应当在确保老年被测人情绪得到平复的情况下再进入正式测谎阶段，否则可能混杂测试误差；二是针对老年被测人在回答问题时的一些特殊表现，在办理测谎案件的过程中可以尝试使用**“缄默测试”**对其进行测谎，能够起到相对不错的效果。

老年人作为被测人接受测谎，第五要考虑的是**个性方面的“多疑敏感”**。

人格心理学认为，个体的人格具有四个重要特征，分别为稳定性、独特性、统合性与功能性。其中“稳定性”是指个体的人格特质一旦稳定，要改变则是一件较为困难的事情。但发展心理学的研究同时发现，当个体步入老年阶段后，其人格特征确实会出现一些不同程度的变化。具体到测谎实践中，老年被测人在个性方面可能会存在的一个特征需要引起测谎师的重视，那就是“敏感多疑”。

老年人在个性方面出现“敏感多疑”的变化，原因是多方面的。正如前文中所提到的，老年人在身体机能方面逐渐老化（如行动迟钝），在社会适应方面面临困难（如失去工作），在生活方面遭遇打击（如伴侣过世），多种因素的叠加容易诱发老年人的孤独、不安、焦虑甚至恐惧情绪。

应当说，在接受测谎的过程中，被测人常常存在明显的“高敏感性”，这是十分常见的。但与其他年龄段的被测人相比，老年被测人在接受测谎的过程中所表现出的“高敏感性”有时更为强烈，对于整个测谎过程保持着更高程度的警惕。在笔者所接触的老年被测人中，有的老年被测人会对测谎师在测谎过程中一句无意的话语形成强烈的注意，有时也会针对测谎题目中的某一个问题或某一个具体用词与测谎师进行反复讨论，对于自己在测谎过程中的“表现”也比其他被测人投入更多的关注。

发问形式：“言语”刺激的疏漏

司法领域中的测谎，是通过“言语”的形式向被测人施加心理刺激，这决定了测谎师在编制测谎问题的过程中，必须针对每一个问题、每一句表述、每一个用词进行反复的推敲与打磨。笔者关于测谎的书中均反复强调了测谎问题编制的重要性，也通过详细的举例阐述了测谎师在实践中是如何对测谎问题进行字斟句酌的。

在办理测谎案件的实践中，笔者一直有这样一个习惯，即在测谎问题的编制工作完成后，首先以自己作为被试接受测谎问题的发问，站在被测人的角度去体会所编制的测谎问题中是否存在需要修正与完善之处。

这样做的原因之一在于，测谎师在编制问题的过程中，是以“书面”的形式对测谎问题的具体表述进行组织的。而在正式测谎的过程中，测谎师则是以“言语”的形式向被测人呈现问题。

换句话说，这两个过程存在一定程度的差异。而这一不易觉察的差异，可能导致这样一个问题的出现，那就是：

测谎师在以“书面”形式对测谎问题的具体表述进行组织的过程中，可能未充分考虑到该测谎问题在以“言语”形式进行呈现时会存在的问题。

下面举一个例子。

需要说明的是，这个例子中想要强调的内容只是一个非常不起眼儿的小细节。在读者看来，这个细节或许并没有什么值得注意之处，但办理过一线测谎案件的测谎师会明白其中的重要性。

一起命案，案件承办人委托测谎师对几名嫌疑人分别进行测谎。

其中一套测谎题目是这样的：

问：那把刀是谁带到现场的，能如实回答吗？

问：是甲吗？

问：是乙吗？

问：是丙吗？

问：是丁吗？

问：是戊吗？

……

设计这套题目的原因在于，对于杀害被害人的凶器究竟是谁带到现场的，甲、乙、丙、丁、戊五人的说法不一。

从字面上来看，该套问题并不存在明显的问题。但如果将其以“言语”的形式向被测人施加刺激，则可能会出现一个问题。

下面具体进行说明。

有一点需要解释。在测谎实践中，测谎师每次向被测人发问完一个问题后，均需间隔一定的时间，再向被测人发问下一个问题。这一间隔的时间不能过短，同样也不宜过长。间隔时间过短，是在被测人的前一生理指标反应完全结束之前，即对其施加了下一个心理刺激。从实验心理学的角度来看，此时自变量对因变量的作用过程还未结束。间隔时间过长，即在被测人前一生理指标反应结束后较长时间，仍未对其施加下一个心理刺激。从实验心理学的角度来看，此时自变量之外的其他控制变量可能会对因变量产生不适当的影响。这两种情况，都不利于测谎师对被测人生理指标的有效反应进行准确把握与解释。

回到例子中。

在测谎实践中，测谎师会通过多种技巧与方法引导被测人注意的指向性与集中性，并确保被测人对测谎问题投入足够的认知资源进行相应的心理操作。但在上面这个例子中，被测人在进行回答的过程中，注意的指向性与集中性却会逐渐减弱，所投入的认知资源也会逐渐减少。

原因在于，本例中测谎问题的表述存在**不完整性**。

强化被测人的注意焦点、提高被测人的思维量、增加被测人的心理操作，是谎言识别的重要原则。但由于问题表述的不完整，被测人在回答过程中，注意焦点逐渐弱化，思维总量逐渐降低，心理操作逐渐减少，对于“是甲吗”“是乙吗”“是丙吗”所做出的否定回答，在某种程度上也成为一种被动的、机械式的回答。

此种情况下，被测人生理指标变化的准确性和有效性自然会大打折扣。

该问题的完整表述应当如下。

问：那把刀是谁带到现场的，能如实回答吗？

问：那把刀，是甲带到现场的吗？

问：那把刀，是乙带到现场的吗？

问：那把刀，是丙带到现场的吗？

问：那把刀，是丁带到现场的吗？

问：那把刀，是戊带到现场的吗？

……

这一改变看上去极为平常，也没有什么惊喜与绝妙可言，但在测谎实践当中具有重要的意义。

值得一提的是，在本例中，关注问题表述的完整性，还有另一个更加重要的原因。换句话说，如果问题表述存在不完整性，可能还会导致另一个问题的产生。

测谎实践中，测谎师往往会通过数套逻辑上层层递进、内容上环环相扣的问题对被测人进行发问，本例也不例外。具体来说，在使用这套问题之前，测谎师已经使用数套问题对被测人进行了发问与测试。比如，其中一套问题如下。

问：当时谁进了那个厕所，你记得清楚吗？

问：是甲吗？

问：是乙吗？

问：是丙吗？

问：是丁吗？

问：是戊吗？

……

设计这套题目，是测谎师想要弄清楚，案发当时，甲、乙、丙、丁、戊五人之中，究竟都有谁尾随被害人进入了厕所。

如果问题的表述不完整，那么本例中的被测人在对这两套题目进行回答的过程中，将极有可能出现相互间的干扰与混淆，而测谎师在对被测人的生理指标反应进行解释的过程中也可能会遇到困难。

这套题目的完整表述如下。

问：当时谁进了那个厕所，你记得清楚吗？

问：当时甲进了那个厕所吗？

问：当时乙进了那个厕所吗？

问：当时丙进了那个厕所吗？

问：当时丁进了那个厕所吗？

问：当时戊进了那个厕所吗？

……

在这一部分，我们讨论了这样一个测谎实践中的微观问题。尽管这一问题看似并不起眼，所涉及的内容也并非复杂的专业技巧，但努力控制能够控制的误差，努力消除能够消除的干扰，正是测谎工作精益求精的体现。

第四章

兼收并蓄：测谎之方法

鉴于谎言识别的复杂性，测谎师有必要树立“大测谎”的观念，对各种测谎方法保持兼收并蓄的态度，并在测谎实践中进行灵活的融合运用。

反应时测谎：两种主要的范式

谎言的表现形式千千万，识别谎言的方式也有许多种。不同的测谎方式，在测谎理念、测谎指标与测谎范式等方面也存在相应的不同。鉴于谎言识别的复杂性，为了进一步提高对谎言的识别能力，测谎师有必要树立“大测谎”的观念，对各种测谎方法保持兼收并蓄的态度，并在测谎实践中进行灵活的融合运用。

在这一部分，我们来关注这样一种测谎方法：**反应时测谎**。

反应时测谎，顾名思义，即以个体的反应时间作为指标而进行的测谎。与其他测谎方式相比，反应时测谎在许多方面存在明显的特色。下面，我们就对反应时测谎的两种常用测试范式进行介绍。

反应时测谎的第一种常用测试范式，是**aIAT范式**。

aIAT范式是在内隐联想测试（IAT，Implicit Association Test）的基础上发展而来的。为了更好地对aIAT范式进行理解，我们有必要先对IAT测试进行介绍。

IAT范式是由格林沃尔德提出的一种研究范式。简单来说，IAT范式所要测试的，是被试的内隐态度。IAT范式通过使用被试的反应时作为测量指标，来测量被试对于两类词（概念词与属性词）之间自动化联系的紧密程度，进而巧妙地实现对个体内隐态度的测量。具体来说，当概念词与属性词之间的关系与被试的内隐态度相一致时，被试的反应时间相对较短；而当概念词与属性词之间的关系与被试的内隐态度相冲突时，被试的反应时间相对较长。

下面，我们就以典型的“花—虫”实验来对IAT范式的具体实施步骤进行说明。在当前的实验心理学教材中，大多可以找到对这一实验的详细介绍。

“花—虫”实验的基本实验程序包括五个步骤。

步骤一：呈现概念词的样例，要求被试尽快进行辨别和分类，并记录被试的反应时。比如，在“花—虫”实验中，概念词即为“花”与“虫”。屏幕上呈现出鲜花的图像或昆虫的图像，然后要求被试尽快辨别该图像究竟是属于花还是虫。如图像属于花，则被试尽快按左键；如图像属于虫，则被试尽快按右键。

步骤二：呈现属性词的样例，同样要求被试尽快进行辨别和分类，并记录被试的反应时。比如，在“花—虫”实验中，属性词即为“褒义词”与“贬义词”。屏幕上呈现出“漂亮”“芬芳”“肮脏”“丑陋”等词语，然后要求被试尽快辨别这些词语究竟属于褒义词还是贬义词。如词语属于褒义词，则被试尽快按左键；如词语属于贬义词，则被试尽快按右键。

步骤三：要求被试对概念词与属性词的联合进行反应。具体来说，当花与褒义词同时出现时，要求被试尽快按左键；当虫与贬义词同时出现时，要求被试尽快按右键。

事实上，在步骤三中，概念词与属性词之间可能存在两种关系。其一,二者的关系是相容的；其二,二者的关系是不相容的。

所谓相容，是指二者的关系与被试的内隐态度一致。比如，在“花—虫”实验中，如果被试对于花的态度更为积极与喜爱，对于虫的态度更为消极与厌恶，那么对于被试来说，花（概念词）与褒义词（属性词）的关系即为相容，而虫（概念词）与褒义词（属性词）的关系即为不相容。反之，如果被试对于虫的态度更为积极与喜爱，对于花的态度更为消极与厌恶，那么对于被试来说，虫（概念词）与褒义词（属性词）的关系即为相容，而花（概念词）与褒义词（属性词）的关系即为不相容。

步骤四：交换左右键的反应内容，要求被试再次对概念词样例进行反应。

步骤五：要求被试再次对概念词与属性词的联合进行反应。具体来说，当花与贬义词同时出现时，要求被试尽快按左键；当虫与褒义词同时出现时，要求被试尽快按右键。

在数据处理阶段，研究者仅对步骤三与步骤五中的反应时数据进行处理。

IAT范式预期，如果被试对于花的态度更加积极与喜爱，那么其在步骤三的反应时将短于步骤五的反应时；相反，如果被试对于虫的态度更加积极与喜爱，那么其在步骤五的反应时将短于步骤三的反应时。

aIAT在IAT范式的基础上发展而来，用于检测个体所报告的内容是否存在说谎现象。其设计理念在于：

当个体面对两种相互矛盾的陈述时，内心产生的冲突将导致其反应时间增长。

下面，是aIAT的具体步骤。

步骤一：呈现与被试自身状态相关的一些陈述，要求被试对这些陈述的真伪进行辨别与分类，并尽快做出反应。如果陈述为“事实”（如“我现在正在参加一项实验”），则被试应当尽快按左键；如果陈述为“虚假”（如“我现在正在参加一次跑步”），则被试应当尽快按右键。

步骤二：呈现与有罪或无罪相关的一些陈述，要求被试对这些陈述属于有罪还是无罪进行辨别与分类，并尽快做出反应。如果陈述为“有罪”（如“我偷了一万元钱”），则被试应当尽快按左键；如果陈述为“无罪”（如“我没有偷一万元钱”），则被试应当尽快按右键。

步骤三：要求被试对两种陈述进行联合反应。具体来说，当事实陈述与无罪陈述同时出现时，要求被试尽快按左键；当虚假陈述与有罪陈述同时出现时，要求被试尽快按右键。

步骤四：交换左右键的反应内容，要求被试再次对陈述属于有罪还是无罪进行反应。

步骤五：要求被试再次对两种陈述进行联合反应。具体来说，当事实陈述与有罪陈述同时出现时，要求被试尽快按左键；当虚假陈述与无罪陈述同时出现时，要求被试尽快按右键。

aIAT 范式预期，如果被试确实实施了盗窃一万元钱的犯罪行为，那么其在步骤三的反应时间会长于步骤五的反应时间，因为被试在面对“事实”与“无罪”两种相互矛盾的陈述时会产生心理冲突，导致其反应时间增长。相反，如果被试并未实施盗窃一万元钱的犯罪行为，那么其在步骤五的反应时间会长于步骤三的反应时间，因为被试在面对“事实”与“有罪”两种相互矛盾的陈述时会产生心理冲突，导致其反应时间增长。

反应时测谎的第二种范式，是**反应时的隐蔽信息测试法**。

隐蔽信息测试法本身是测谎实践中一种重要的测谎范式。同样，在反应时测谎中，也可以使用以反应时作为测量指标的隐蔽信息测试法。

在反应时的隐蔽信息测试法中，研究者会记录下被测人在回答各问题时的反应时间，并重点关注被测人对无关选项与目标选项进行回答的反应时间是否存在显著性差异。该种反应时测试范式认为，真正的作案人会在关键选项上有更长的反应时间，而无辜者在关键选项与无关选项上的反应时间不存在显著性差异。

读者也许马上会想到，这种反应时的测谎范式在使用过程中，可能会存在几个漏洞。

第一个漏洞是，如果被测人在回答问题的过程中根本不去在意发问者提出的问题究竟是什么（如发问者所提问题中的凶器究竟是枪、刀还是绳子），也没有进行任何的认知加工，而是在看到问题之后迅速地做出机械性的否定回答（“不是”或“不知道”），那么在这种情况下，即使被测人本身是真正的作案人，其在无关选项与关键选项上的反应时间仍可能不会出现任何明显的差异。

针对这一漏洞，反应时的隐蔽信息测试法也进行了相应的修正。比如，研究者在呈现的问题中加入几类特定问题。研究者要求被试在回答这几类特定问题时，必须回答“是”。对这几类特定问题回答的正确率将作为被测人是否认真思考的一个参考指标。

第二个漏洞是，反应时的隐蔽信息测试法所使用的具体测量指标是被测人在回答各问题时的反应时间。但事实上，在反应时的隐蔽信息测试法中，还存在着另一个影响被测人在某一问题上反应时间的因素，那就是**“问题理解难度”**。

具体来说，如果某一问题的理解难度与其他问题存在显著性不同，那么被测人对于该问题的理解时间将变长，相应地也会导致其回答该问题的反应时间变长。但无论如何，这种“反应时间的变长”并非由于被测人在这一问题的回答上说了谎。如果恰恰是目标选项的理解难度与其他无关选项的理解难度存在显著性差异，那么被测人在对目标选项进行回答时，将有可能因为未能及时理解目标选项的问题，而导致在目标选项上的反应时间变长。假设主试据此将被测人判定为“说谎”，就有可能出现误判。

鉴于此，“问题理解难度”是反应时的隐蔽信息测试法中一个不容忽视的实验误差，主试在进行问题编制的过程中，必须确保各问题在理解难度上不存在明显差异。换句话说，“问题理解难度”是主试在设计反应时的隐蔽信息测试法的过程中所必须考虑的一个因素。

与其他测谎方法相比，反应时测谎也存在几个明显的优势。比如，反应时测谎的整个实施过程较为便捷，并且能够进行大规模的同时检测，这在很大程度上提高了测谎的检测效率。再如，反应时测谎对于主试的要求相对较少，并且对于被测人的要求较低，这能够有效扩大测谎的应用范围。除此之外，反应时测谎所需要的仪器设备相对简单，这也大大降低了测谎所需要的经济成本。

证言收集：认知访谈技术

司法实践之中，证人证言的重要性不言而喻。

一直以来，司法心理学始终对证人证言保持着浓厚的研究兴趣，并针对如何提高证人证言的准确性开展了大量实证研究。在此基础上，心理学发展出了一套遵循心理学思维的询问技术，用于帮助证人对案发当时的具体情形进行回忆，以提高证人证言的准确性。

这种询问技术，就是**“认知访谈技术”**。

“认知访谈技术”本质上是一种有效收集证言的方法，也是一种被广泛认可的记忆唤醒方法。同时，“认知访谈技术”也在经历着不断的改进和完善。

在测谎实践中，测谎师也常常需要帮助证人进行更加准确的回忆。鉴于此，“认知访谈技术”中的许多重要理念与具体方法同样值得测谎师学习与借鉴，并灵活应用于测谎实践之中。

最初的认知访谈技术包含了四个具体步骤。但在介绍该技术的具体步骤之前，我们先来了解该技术的两个重要理论基础。

理论基础一：证人在提供证人证言时需要进行回忆，而一种回忆策略是否有效，与“回忆时”的信息编码与“感知当时”的信息编码的重叠程度直接相关。

简单来说，记忆的过程包含了编码、储存与提取等几个具体过程。证人在“回忆时”的信息编码与证人在“感知当时”的信息编码重叠程度越高，则回忆效果越好；反之则回忆效果越差。

理论基础二：证人对于案件的相关记忆并非仅仅存在一种记忆线索。相反，证人对于案件的相关记忆存在多种记忆线索。如果一种记忆线索不能有效地唤醒记忆，那就再使用另一种记忆线索来唤醒记忆。

下面，我们来介绍“认知访谈技术”的四个基本步骤。

步骤一：重建案件情境

该步骤中的重建案件情境，并非仅仅要求证人重建案件发生当时的物理情境，同时还要求证人重建案件发生当时的心理状态。

任何事件都不是发生于真空之中，而是发生于具体的场景之中的。鉴于此，询问者可以通过这样的提问，来引导证人重建案件发生当时的物理情境。

“现在在你的脑海中浮现出一幅画，请你回想一下，那天的天气怎么样？”

“那个地方是什么样子的？”

“当时有什么气味？”

“当时有什么颜色？”

“当时的光亮条件怎么样？是明亮，还是昏暗？”

“当时的温度如何？你感到冷或者感到热吗？”

“现场都有哪些人？”

“你当时所处的位置是哪里？”

……

证人在进行感知的当时也往往会伴随出现相应的情绪或感受。鉴于此，询问者可以通过这样的询问，来引导证人重建案发当时的心理情境。

“你当时有什么感觉？”

“在那个时刻，你脑子里在想什么？”

“你当时的情绪是怎样的？”

……

简言之，重建案件情境的目的在于使证人能够重新体会“感知当时”的物理环境与心理状态，从而最大限度地对记忆进行挖掘。

步骤二：报告所有情节

有时，证人并不清楚哪些信息与正在调查的事件有关。鉴于此，证人往往会在提供证言之前，首先对自己的记忆内容进行编辑，进而有选择地对自己所知晓的情节进行报告。

在这种情况下，证人往往会选择这样两类情节进行报告。

第一类情节是证人认为重要的情节。证人认为该情节对于还原案件事实或评价案件当事人的行为至关重要，因此会选择对该类情节进行报告。

第二类情节是证人认为记忆完整的情节。证人本人认为，自己对该情节的记忆是准确完整的，因此会选择对该类情节进行报告。

而在证人报告自己所知晓的情节时，有这样几类情节可能会被无意忽略。

首先，如果证人本人认为某些情节是不重要的，或是与当前正在调查的事件无关，那么证人可能会选择不报告这部分情节。

比如，在一起测谎案件中，一名证人曾经注意到，犯罪嫌疑人在案发前一段时间曾到院子中洗手。但由于证人认为这一情节与当前正在调查的事件无关，因此并未主动向测谎师进行告知。

其次，如果证人本人认为自己对于某些情节的记忆是不完整的，或者对于某些情节仅仅存在一些零碎的片段记忆，为了避免自己的证言出错，证人同样可能会选择不报告这部分情节。

但“认知访谈法”强调，即使证人认为一些情节的记忆是不重要的、不完整的或是无意义的，也需要把这些情节报告出来。因为这些看似不重要、不完整、无意义的记忆，可能会帮助证人回忆起其他与案件相关的信息。

换句话说，“认知访谈法”主张引导证人报告出所有的情节。

鉴于此，在步骤二阶段，询问者可以对证人进行这样的引导。

“我们对你所能记起的所有事情都非常感兴趣。”

“即使是你认为不重要的、不相关的情节，也请你报告出来。”

“有的情节可能是一些零零散散的碎片，但我们同样希望你能对它们进行回忆。”

……

有一点需要引起注意。在步骤二阶段，询问者一方面要引导证人报告出所有的情节，另一方面也需要向证人强调，不要对任何记忆内容进行编辑，也不要对一些并不知晓的情节进行主观的臆测。

测谎实践中同样如此。在与被测人重新梳理案情的过程中，测谎师会向被测人详细说明，即如果对于一些情节确实已经无法进行回忆，那么被测人可以回答“不知道”或“记不清”，而不应凭经验进行一些主观臆测，或是为了确保证言内容的自洽性而猜想出一些内容。

步骤三：以不同顺序报告事件

首先要解释的是，为什么以不同顺序报告事件能够帮助证人回忆起更多的信息？

心理学认为，当个体通过一种途径无法顺利地获取信息时，并不代表该信息不存在于个体的记忆之中。此时个体可以尝试通过其他途径来获取信息。具体来说，当个体通过A途径进行回忆时，一部分信息被顺利获取，另一部分信息则被遗忘；而当个体通过B途径进行回忆时，一部分信息被顺利获取，另一部分信息则被遗忘。这样通过多种途径的共同使用，多次获取的信息叠加覆盖，就能够逐渐汇聚出完整的信息网。

鉴于此，证人在进行回忆的过程中，如果没有能够成功地获取到信息，那么询问者应当要求证人以不同顺序报告事件，引导证人通过多种途径共同进行回忆，以帮助证人获取更多的相关信息。

比如，实践中，证人大多是基于时间顺序对事件进行报告的，从事发前的上午九点开始报告，到事发时的中午十二点，再到事发后的下午两点。鉴于此，询问人员可以要求证人颠倒对事件的报告顺序，基于时间顺序对事件进行倒叙。

"你所能够回忆起的最后一件事情是什么？"

"在此之前发生了什么？"

"在那之前又发生了什么？"

……

"最初发生了什么？"

……

除进行倒叙外，询问人员还可以要求证人以案发当时为起点，分别向事情的起始和事情的结尾方向展开叙述。

步骤四：以不同角度报告事件

简单来说，这一步骤要求证人从另一个知晓该事件的人的角度进行报告。

比如，在儿童遭受性侵犯的案件中，为了帮助儿童更好地回忆和陈述案发当时的具体情形，询问者可能会引导儿童去思考在案发当时，被放置在桌子上的玩具会看到哪些事情。这一方法在本质上即要求儿童从另一个角度对事件进行报告，从而获取更多的信息。

以上四个步骤构成了整个“认知访谈法”的核心，但仍存在一个潜在的问题。具体来说，四个步骤更多地关注如何从记忆心理学的层面来引导证人回忆出更多的信息。但不可否认的是，司法实践中证人提供证言的过程显然要复杂得多。

比如，有的证人在提供证言的过程中，可能会对询问人员存在不信任的情况。再如，有的证人在提供证言的过程中，可能会体验到明显的焦虑。毫无疑问，这些都会对“认知访谈法”的效果产生直接影响。

但与此同时，心理学家也在对“认知访谈技术”不断进行改进，以使其能够更好地在司法实践中发挥优势。

总体来看，与早期的“认知访谈技术”相比，改进的“认知访谈技术”更多地聚焦询问者的行为。改进的“认知访谈技术”认为，证人提供证言的过程并不仅是证人回忆和提取信息的过程，同时也是证人与询问者交流互动的过程。

比如，改进后的“认知访谈技术”强调询问者要与证人建立融洽的关系，强调询问者要培养积极倾听的能力，强调询问者要对证人回忆的内容进行适当的总结，强调询问者要学会更好地使用开放式问题，强调询问者要避免打断证人的回忆过程。由此可见，改进后的“认知访谈技术”不仅关注证人的“记忆唤醒”，还同时聚焦询问者的“交流技巧”。

在这一部分，我们对“认知访谈法”进行了介绍。心理学实证研究的结果已经表明，与传统的询问方法相比，“认知访谈技术”能够更加有效地提高证人回忆内容的数量与质量。鉴于此，在司法实践与测谎实践中，“认知访谈技术”的应用是大有裨益的。

聚焦“讲述习惯”：足利案件的供述分析

日本法律心理学研究的一个特点，在于其对嫌疑人供述进行的精密式分析。在这一部分，我们来介绍一种评估嫌疑人供述可信度的方法——**“图式接近法”**。

“图式接近法”，是日本心理学家高木光太郎等研究者提出的一种陈述可信度评估方法。该方法关注的是嫌疑人在讲述体验时的文体特征及其变化。具体来说，“图式接近法”认为：

> 陈述者有意操纵陈述的内容或许会比较容易，却很少会注意到讲述习惯，也因此很少会对讲述习惯这一文体特征进行有意控制。鉴于此，当嫌疑人对“真实体验供述”与“作案行为供述”出现文体特征的显著差异时，这就会成为评估供述可信度的一个值得信赖的线索。

在《证言的心理学——相信记忆、怀疑记忆》一书中，高木光太郎使用图式接近法对日本足利案件进行了细致分析。下面，我们先对足利案件的简要案情进行介绍。

足利案件是一起幼女诱拐杀人案。1990年5月的一天傍晚，一名四岁的小女孩跟随父亲来到足利市的一家弹珠游戏厅，随后失踪。第二天早晨，在离游戏厅不远的一处河岸边，小女孩的尸体被人发现。经检验，小女孩的死因是压迫颈部导致的窒息。调查人员在河里发现了一件半袖内衣，其上附有疑似作案人精液的体液。

除此之外，该地区在此之前已经发生过两起幼女诱拐杀人案件，而这两起案件均未被侦破。

本案在侦查之初遇到了很大的困难。最终，调查人员将嫌疑人锁定为幼儿园的巴士司机S。对S产生怀疑的开端，是因为警察在排查过程中得知，S平日与父母在足利市内共同居住，但在周末会一个人回到租赁房屋居住。

尽管调查人员对S产生了怀疑，却始终未发现能够证明S与案件有关的确切证据。后来，调查人员从S丢弃的垃圾袋中收集了沾有其精液的纸巾，并实施了在当时还没有被应用于侦查实务的DNA鉴定。鉴定结果表明，S的精液与案发现场那件半袖内衣上的精液一致。

S很快遭到了逮捕，并在之后的审讯过程中对另外两起幼女诱拐杀人案件也进行了供认。然而，在之后的多次庭审过程中，S多次在有罪供述与无罪供述之间摇摆。1993年，S被宣告判处无期徒刑。S提起上诉，最高法院于2000年驳回其上诉。

2002年，S向宇都宫地方法院提出再审申请，但DNA重新鉴定未被认可。辩护团之后向东京高等法院上诉，DNA重新鉴定终于被认可。

2009年，由辩护方与检察院分别指名的两名鉴定人均报告，S的DNA型与犯人不一致。

2010年3月，法院最终做出无罪判决并结案。

高木光太郎等研究者使用“图式接近法”对足利案件中S的供述进行了可信度评估，下面是具体的分析过程。

研究者对S在历次庭审中所做的供述特征进行量化分析。首先，研究者对S与法官、检察官、律师的沟通中说出了多少话语进行记录与分析。分析结果表明，S所讲出的话语占全部话语的25%。在此基础上，研究者将S在庭审过程中进行的回答区分为七种形式，并针对每种形式出现的频次进行记录与分析。

形式一：有附加信息。即对于询问者的提问，在回答中附加了询问者提问中所不包括的信息。

形式二：无附加信息。即回答者采用“是”或“否”的方式对提问的内容进行回答，或者从多个信息中进行选择，回答的内容没有新的附加信息。

形式三：确认提问内容。即提问者所要表达的意思并不明确，回答者对提问的内容进行确认。

形式四：不明确回答。即回答者对询问者的提问进行了回答，但回答的内容本身并不明确。

形式五：无回答理由。即对于询问者提出的问题，回答者表示自己无法回答，或是陈述自己无法回答的理由。

形式六：沉默。即回答者对提问者的提问没有进行任何回答。

形式七：其他类型的回答。

对S的回答形式进行的统计与分析结果表明，在S的回答形式中，无附加信息占总体的近70%，有附加信息占总体的近20%。据此可以发现，S不仅话语总量较少，并且对于询问者的提问更多地是以“是”或“否”来进行简单的回答。

换言之，S较少积极主动地讲述自己的体验。

在此基础上，研究者从S的陈述中提取出36处话语量增多（字数为72字以上）并且由S积极主动添加信息的地方，进行了如下分析。

首先，研究者对这36处特殊地方的内容进行分类，结果如下：

作案行为出现0次，作案行为以外的事情出现25次，不在场的主张出现6次，其他内容出现5次。

由此可见，S的话语量增多之处大多与作案没有直接的关系，而主要是一些通过证据与其他方面的信息可以确定S曾经实际体验过的其他事情。

研究者认为，如果将这些S曾经实际体验过的其他事情（以下简称“真实体验供述”）中的文本特征进行提取，并将提取到的这种一贯性的文本特征作为参照尺度，就可以对S对于具体作案过程供述（以下简称“作案过程供述”）的真实性进行评估。

研究者的分析过程如下。

首先，研究者将S对某事的陈述按照“行为者+行为”的方式进行分割。

其次，研究者分析在S的“真实体验供述”中，从一个动作主体行为转移到下一个动作主体行为时的连接关系。动作主体行为之间的连接关系具体又可以分为三类。

第一类：时间序列连接。即由于两个动作主体行为在时间上先后发生，而使得两件事情被连接在一起先后进行陈述。

第二类：理由连接。即由于一个动作主体行为是另一个动作主体行为的原因或理由，而使得两件事情被连接在一起先后进行陈述。

第三类：假定连接。即由于一个动作主体行为与另一个动作主体行为之间存在假定关系，而使得两件事情被连接在一起先后进行陈述。

分析结果表明：

在S的“真实体验供述”中，时间序列连接的出现频次为86次，出现频率为94.5%；理由连接的出现频次为4次，出现频率为4.4%；假定连接的出现频次为1次，出现频率为1.1%。

由此可见，S的“真实体验供述”基本全是按照时间顺序进行说明的。高木光太郎等研究者认为，尽管这似乎是正常的，但在讲述体验时如此彻底地按照时间顺序进行说明，是很少见的。我们在日常会话中经常会涉及对过去事件的说明，但在S的“真实体验供述”中，几乎没有出现任何向其他时间点的转移，都只是在严格按照时间顺序讲述着事件的进展。

接下来，研究者对S的“真实体验供述”中的动作主体进行分析。动作主体具体分为三类。

第一类：S本人。

第二类：其他人。

第三类：人以外的事物。

分析结果表明：

在S的“真实体验供述”中，S本人出现的频次为59次，频率为52.2%；他人出现的频次为45次，频率为45%。

由此可见，S在“真实体验供述”中基本按相同的频率把自己和他人作为动作主体。

接下来，研究者对S在“真实体验供述”中的行为类型进行分析。行为类型具体分为两类。

第一类：运动行为。

第二类：心理活动。

分析结果表明：

在S的“真实体验供述”中，运动行为出现的频次为103次，频率为91.2%；而心理活动出现的频次为10次，频率为8.8%。

由此可见，S在“真实体验供述”中的一个显著特点，就是极少涉及心理活动，始终对自己和他人的身体行为进行说明与陈述。

最后，研究者对S在“真实体验供述”中的动作主体转换方式进行分析。动作主体转换方式具体分为两类。

第一类：连锁式连接。一个动作主体行为转移到下一个动作主体行为时，如果动作主体由自己转为他人或事物，或者由他人或事物转为自己，即为连锁式连接。

第二类：连续式连接。如果动作主体相同，即为连续式连接。

分析结果表明：

在S的“真实体验供述”中，连锁式连接的出现频次为56次，频率为61.5%；连续式连接的出现频次为35次，频率为38.5%。

由此可见，S在“真实体验供述”中倾向于交替自己与他人作为动作主体进行陈述。并且，即使在以事物作为动作主体时，仍会出现这一倾向。

依据以上分析，S在“真实体验供述”中表现出如下特点：

其一，各动作主体行为之间的连接大部分是时间序列连接。

其二，在各动作主体行为之中，自己与他人的出现频率几乎相同。

其三，绝大部分是对于运动行为的描述，极少进行心理活动的描述。

其四，较多地交替自己与他人作为动作主体。

以上，为S在“真实体验供述”中的文体特征。研究者以此为参考尺度，对S的“作案过程供述”进行考察。

对S的“作案过程供述”进行分析，结果如下：

首先，在S的“作案过程供述”中，各动作主体行为之间的连接大部分使用了时间序列连接，频率达到86.7%。

这一点与“真实体验供述”存在一致性。

其次，在S的“作案过程供述”中，基本均以自己作为动作主体，出现频率为88.5%。

这一点与“真实体验供述”存在明显的不一致。在“真实体验供述”中，S使用自己和他人作为动作主体的频率基本相同。

接下来，在S的“作案过程供述”中，绝大部分是S对于运动行为的描述，而只有极少部分是对于心理活动的描述，二者频率分别为82.7%与17.3%。

这一点与“真实体验供述”存在一致性。

最后，在S的“作案过程供述”中，连锁式连接的出现频率为29.6%，而连续式连接的出现频率为70.4%。

换句话说，S在“作案过程供述”中较少交替自己与他人作为动作主体。

这一点与“真实体验供述”存在明显的不一致。在“真实体验供述”中，S较多地使用连锁式连接，即更多地交替自己与他人作为动作主体。

高木光太郎等研究者认为，S的“作案过程供述”与“真实体验供述”之间存在差异，尤其是在讲述真实体验过的事件时，S始终非常固执地使自己和对方交替登场。但在讲述作案的具体情况时，对方却突然消失，S只是在讲述自己的行为，很少涉及被害小女孩的主动行为。在S的供述笔录中，对被害小女孩的自发行为描述得非常少，即使有也是“她似乎回答了什么”“她叫了我叔叔”等模糊不清的情节。虽然在S的供述过程中，涉及被害小女孩的内容逐渐增多，但叙述的内容均是关于被害小女孩所携带的物品或服装之类，几乎没有涉及被害小女孩自主做出的主动行为。

那么，S为什么会在“作案过程供述”中出现这种反常的变化？

高木光太郎等研究者认为，首先要对以下几种存在的可能性进行排除。

可能性一：调查人员在笔录制作的过程中，对S所供述的关于被害小女孩的一些主动行为进行了删除。

研究者认为，如果S对被害小女孩的一些主动行为进行了描述，那么这无疑会给整个作案过程增添更加具体与重要的信息。鉴于此，只要S对被害小女孩的一些主动行为进行了描述，那么调查人员在制作供述笔录时应不会对这些重要信息进行排除。

可能性二：作案过程中不存在被害小女孩可以做出主动行为的空间。

研究者认为，这起案件的性质为幼女诱拐杀人案件，案件的性质决定作案过程必然存在着被害小女孩的主动行为。并且，被害小女孩的年龄为四岁，从被带走到被杀害，在这整个期间应当会做出许多主动的行为。

可能性三：S对被害小女孩做出的主动行为产生了遗忘。

研究者认为，即使S对作案过程中的一些内容产生了遗忘，也不会单单对被害小女孩的主动行为这一部分进行遗忘。并且，对于作案人来说，被害小女孩的各种反应其实是构成诱拐、杀人的主要内容，而很难看作一些细节性的、无关紧要的内容。

可能性四：S出于难以启齿等原因，有意回避描述被害小女孩的主动行为。

研究者认为，在供述作案的具体过程中，S已经承认了自己的罪行，并且交代了杀害与性侵犯等内容，因此没有必要有意删除被害小女孩的主动行为。

鉴于此，研究者认为："作案过程供述"与"真实体验供述"在文体特征上的不一致是非常不自然的，并且很难做出合理解释。因此有必要对S关于作案供述的可信性进行慎重的评价。

统筹兼顾：测谎的"共性"与"个性"

在测谎理论知识的学习中，测谎师更多关注的，是说谎的"共性"；而在测谎工作的实践中，测谎师更多面对的，则是说谎的"个性"。

所谓说谎的"共性"，是指被测人在说谎过程中所表现出的普遍性特征与一般性规律。而说谎的"个性"，是指具体到不同被测人身上所表现出的个性化特征与特殊性反应。

说谎的"共性"与"个性"并不矛盾。相反，二者相辅相成，互为补充。一方面，测谎师不应刻板化地讲求说谎的"共性"，而忽视说谎中存在的"个性"；另一方面，测谎师也不应该片面地关注说谎的"个性"，而违背对说谎"共性"的基本遵循。

测谎师应当在遵循说谎“共性”的基础上，充分考虑说谎的“个性”。如此，才能在最大程度上确保测谎结果的准确性。

举个例子。

被害人于下夜班途中遭到几名男子的无故谩骂与殴打，办案人员将甲、乙、丙三名嫌疑人抓获归案。

三名嫌疑人到案后的供述出现了高度一致。具体来说，甲、乙、丙三人均坚称，案发当天甲的父母外出，于是甲邀请乙、丙二人到父母家中聚会。甲、乙、丙三人在甲的父母家中待了一整天，因甲的父母家位于郊区，因此当晚三人在甲的父母家中过夜。直到第二天早晨，乙、丙二人才坐公共汽车回到市里。对于这起案件，三人均表示一无所知。

为了帮助查清这起案件究竟是不是甲、乙、丙三人所为，案件承办人委托测谎师对三人分别进行测谎。而对甲、乙、丙三人的测谎结果表明，这起案件确实是三人结伙所为。

下面，我们以此为例，对测谎中的“共性”与“个性”进行讨论。

在这起案件的测谎过程中，测谎师首先要关注的是说谎的“共性”。

比如，在图谱分析阶段，测谎师严格使用标准化的评分标准对三名被测人在测谎过程中生理指标的变化情况进行系统的量化评估，并得出明确的测谎结论。

遵循测谎的“共性”是测谎实践中不可改变的一项原则。失去这一原则，测谎结果的准确性也将失去保障。

但除此之外，在分别对甲、乙、丙三人进行测谎的过程中，测谎师也会同时关注三名被测人在说谎时所表现出的不同“个性”。

比如，在对甲、乙、丙三人分别进行测谎的过程中，测谎师首先设置了一套关于“作案人数”的问题对被测人进行测试。这套问题具体如下：

问：那件事情是几个人干的，你知道吗？

问：那件事情是一个人单独干的吗？

问：那件事情是两个人干的吗？

问：那件事情是三个人干的吗？（目标选项）

问：那件事情是四个人干的吗？

问：那件事情是五个人干的吗？

问：那件事情是更多人干的吗？

……

在使用这套题目对甲、乙、丙三人进行测谎的过程中，三人均在对目标选项（三个人干的）回答“不是”时，出现了生理指标的显著异常反应。尽管如此，三人在生理指标的反应上又存在着各自不同的“个性”。

在测谎实践中，测谎师在使用某套问题对被测人进行测试时，常常会变换顺序进行数遍的系统发问。而在使用该套问题对甲进行数遍测试的过程中，甲在对目标选项进行回答时的生理指标反应强度，始终显著性地异常于其他选项。

换句话说，对于**“疲劳效应”**与**“练习效应”**的低敏感性，是甲在接受测谎过程中的一个重要“个性”。

但在使用该套问题对乙进行数遍测试期间，乙在对目标选项回答时的生理指标反应异常程度出现明显弱化。不仅如此，乙在对所有问题进行回答时的生理指标反应的绝对强度均出现了明显弱化。

换句话说，对于**“疲劳效应”**与**“练习效应”**的高敏感性，是乙在接受测谎过程中的一个重要“个性”。

对于丙来说，其在接受测谎过程中同样存在着“个性”。

比如，在使用该套问题对丙进行测试的过程中，丙的整个生理指标反应情况表现出了明显的“抛物线”形态。

换句话说，对于**“期待效应”**的高敏感性，是丙在接受测谎过程中的一个重要“个性”。

对于测谎师来说，每一次对被测人的测谎，其实都是一次“共性”与“个性”的结合。而在把握被测人在测谎过程中所表现出的“个性”的基础上，测谎师需要采取针对性的措施，进一步消除可能产生的测谎误差。

比如，在上例中，乙对于“疲劳效应”与“练习效应”具有较高的敏感性。针对乙的这一“个性”，测谎师有必要对乙在各遍测试所采集到的相关数据进行权重上的合理分配，确保测谎结果在严格遵循规范化评分标准的同时，又能充分考虑到乙的个性化因素。

再如，在上例中，丙对于“期待效应”具有较高的敏感性。针对丙的这一“个性”，在对丙进行正式测谎的过程中，测谎师不应单纯聚焦于丙在目标选项上生理指标的反应异常程度，同时也要从更加宏观的层面对其生理指标反应的整体趋势与形态进行把握。除此之外，在对丙进行测谎的过程中，测谎师也尤其要重视对刺激的呈现顺序予以适时的调整，以降低“期待效应”可能带来的测试误差。

角色差异：访谈者与观察者

关于个体识别谎言的能力究竟有多好或是有多差，心理学研究者进行了许多实证研究。在一些研究中，研究者会将被试分成两组，并按以下步骤开展研究。

第一步，研究者交给第一批被试事先设计好的“剧本”（如被试从未有过的某段经历），并要求第一批被试按照提供的“剧本”内容编造一段谎言。

第二步，研究者将第一批被试陈述谎言的过程拍摄成视频。

第三步，研究者安排第二批被试对这些视频进行观看。

第四步，在观看完拍摄的视频后，研究者要求第二批被试判断视频中第一批被试所陈述的内容究竟是“真话”还是“谎话”。通过第二批被试对第一批被试陈述真伪性判断的准确性，来对个体识别谎言的能力进行评估。

在这种类似的研究情境中，作为抓谎者的第二批被试实际扮演的是典型的“观察者角色”。在许多关于谎言识别的实证研究中，研究者并没有对抓谎者的具体角色进行细分。但事实上，在测谎实践中，抓谎者其实又可以细分为两种角色：

“访谈者角色”与“观察者角色”。

设想这样一个具体场景。

甲、乙二人负责对丙进行问话，问话的目的在于核实丙在一些事情上是否说了谎。

丙走进房间，坐在座位上。谈话开始，甲向丙进行发问，与丙展开对话。甲与丙从成长背景、教育经历谈到了家庭情况、兴趣爱好。然后，甲向丙阐明了对其进行问话的目的，针对需要核实的事情向丙进行了一系列的发问，并通过丙在回答问题时各方面的表现来评估丙是否在这些事情上说了谎。

在对丙的整个问话过程中，乙始终安静地坐在一边，一言不发地观察着丙的一举一动。

在这个具体场景中，甲、乙二人都是抓谎者，但二人的角色又存在明显的差异。具体来说，甲通过与丙进行面对面的动态互动，并借助一系列的技巧和方法来主动诱发丙暴露出谎言的破绽。此时，甲的角色是“访谈者角色”。

而乙则并未介入与丙的面对面动态互动中。相反，乙从旁观者的角度对丙的一举一动进行认真的观察，并对丙陈述的可信度进行分析与评估。此时，乙的角色就是“观察者角色”。

事实上，在许多涉及谎言识别的具体情境中，如上例中同时设置“访谈者角色”与“观察者角色”进行配合，其实是一种很好的抓谎策略。其原因在于，两种不同的抓谎角色在谎言识别的过程中，存在着各自的优势与不足。

先来说**“观察者角色”**。

有人或许会认为，与“访谈者角色”相比，“观察者角色”的最大优势应当在于可以集中所有认知资源对被询问者的说谎破绽进行观察与抓取，而不必额外分配认知资源用于维持与被询问者动态互动的顺利进行。但事实上，心理学的研究表明：

与“访谈者角色”相比，“观察者角色”在谎言识别方面的最大优势，其实是更少的偏见。

换句话说，与“访谈者角色”相比，“观察者角色”能够较少地受到不当偏见的干扰，从而对被询问者陈述的真伪性做出更加客观的判断。

具体到上例中，关于丙是否隐瞒了重要的事实，乙会比甲更少受到偏见的影响，并且会做出更加理性客观的判断。这是“观察者角色”在谎言识别方面的重要优势。

但在识别谎言的过程中，与“访谈者角色”相比，“观察者角色”同样存在着明显的劣势。

比如，一个明显的劣势，就是**谎言识别的被动性**。

说谎心理学认为，我们之所以能够对谎言进行识别，一个重要的原因，正是因为我们学会了主动去诱发说谎者暴露出谎言的破绽，而非被动地等待说谎者自发地暴露出谎言的破绽。司法领域中的测谎如此，其他领域中的谎言识别亦是如此。

但对于“观察者角色”来说，由于其本身并不存在与说谎者面对面的动态互动，因此也就较难使用相关的技巧与方法来对说谎者的破绽进行主动有效的诱发。鉴于此，“观察者角色”只能被动地观察被询问者暴露出的说谎破绽。如果说谎者在整个陈述过程中并未自发地暴露出明显的说谎破绽，那么对于“观察者角色”来说，这自然是极为不利的。

以前述研究为例。在该项研究中，作为抓谎者的第二批被试并没有机会与第一批被试进行直接的互动，而是从旁观者的角度对第一批被试的一举一动进行观察。他们无法向第一批被试提出任何问题，也无法借助一系列的技巧性来主动诱发第一批被试暴露出谎言的破绽。相反，他们只能被动地观察第一批被试在编造谎言的过程中自发地暴露出谎言的破绽。此时，如果第一批被试在编造谎言的过程中没有自发地暴露出明显的说谎破绽，那么就会给抓谎者的判断造成很大困难。

鉴于此，单纯设置“观察者角色”作为抓谎者，自然会对谎言识别的准确性造成明显的不利影响。

接下来是**“访谈者角色”**。

“访谈者角色”在谎言识别的过程中存在着一个明显的优势，那就是访谈者可以在与被询问者面对面的动态互动过程中，依据设计好的测谎思路，借助一系列的技巧和方法，来主动诱发说谎者暴露出谎言的破绽。

但不可否认的是，“访谈者角色”同样存在着一些不可忽视的劣势。比如，访谈者有时会遗漏说谎者所暴露出的谎言破绽。

第一个重要原因在于，访谈者在与说谎者的面对面动态互动过程中，一方面要投入相当程度的认知资源对双方谈话的内容进行理解、分析与评估，以维持对话的继续进行；另一方面要依据互动过程中的具体情形，迅速构思与选择恰当的方法技巧以有效诱发说谎者暴露出谎言的破绽。在此基础上，访谈者还需要同时对说谎者所暴露出的谎言破绽进行及时全面的捕捉，自然是存在一定难度的。

第二个重要原因在于，访谈者在与被询问者进行面对面互动的过程中，如果对被询问者进行持续的、反常的、细致的观察，是不恰当的，也是不礼貌的，更是不现实的。

设想这样一个场景。

甲正在与乙进行一场谈话。为了确定乙是否在说谎，在整个对话过程中，甲始终紧盯着乙的一举一动，以期能够及时准确地捕捉到乙所暴露出的谎言破绽。尽管在甲看来，这种不遗巨细的观察会帮助自己对谎言的破绽进行更好的抓取，但站在乙的角度，甲的这种行为是很反常的，也是很不礼貌的，并可能对双方的互动本身造成严重的障碍，反而不利于谎言破绽的暴露。

第三个重要原因在于，有时，由于受到问话场所限制的影响，访谈者可能很难方便地观察到说谎者所暴露出的一些重要说谎破绽。

举个例子。

说谎心理学的一些研究曾指出，个体较难对脚部的动作进行精确控制。鉴于此，脚部的朝向和动作可以在很大程度上反映个体的真实情绪状态，进而暴露出谎言的破绽。

这一观点的理论基础，很大程度上来源于发展心理学对于个体动作发展规律的研究成果。从发展心理学的角度来看，个体动作的发展存在以下三个规律。

一是从“粗”到“细”，即个体动作的发展从整体动作开始，逐步发展到局部动作；从粗大动作开始，逐步发展到精细动作。

二是从“上”到“下”，即个体动作的发展从身体上部动作开始，逐步发展到身体下部动作。

三是从“中心”到“边缘”，即个体靠近头部和躯干部分的动作首先开始发展，远离身体中心部分的动作之后才开始发展。

鉴于此，依据个体动作发展的一般规律，一些研究者建议，访谈者在与说谎者的对话过程中，可以有意识地关注说谎者脚部动作的变化，因为个体较难对脚部的动作进行精确控制，说谎者的破绽将极有可能通过脚部的动作暴露出来。

但在测谎实践中使用这一技巧时，可能也会面临另一个问题，那就是由于受到具体场所的限制，访谈者在有的时候并不能够方便地观察到说谎者脚部的动作变化。

比如，在访谈者与说谎者之间存在障碍物，并且访谈者座位与说谎者座位之间的间隔距离本身较近时，就会出现这一问题。

在这一部分，我们区分了谎言识别中的“观察者角色”与“访谈者角色”，并对这两种角色在谎言识别中各自的优势与劣势进行了比较分析。

具体来说，在以“观察者角色”进行谎言识别时，抓谎者可以较少地受到偏见的影响，从而较好地保持判断的客观理性。但由于此时抓谎者在识别谎言方面具有明显的被动性，因此如果说谎者没有自发地暴露出一些明显的说谎破绽，那么这将极大地增加抓谎者识别谎言的难度。而在以“访谈者角色”进行谎言识别时，通过与被询问者进行面对面的动态互动，抓谎者可以借助各类方法和技巧来主动诱发说谎者暴露出明显的破绽。但由于认知资源分配、问话场所限制等原因，抓谎者有时可能会遗漏说谎者所暴露出的谎言破绽。

鉴于两种抓谎角色在识别谎言方面各有优势与不足，一种更好的方法是将两种角色进行结合，即在谎言识别的过程中同时设置“观察者角色”和“访谈者角色”。一方面，“访谈者角色”依据设计好的测谎思路，借助各类方法与技巧对说谎者的破绽进行主动诱发；另一方面，“观察者角色”基于旁观的理性视角，对被询问者所暴露出的谎言破绽进行更加全面的捕捉，避免访谈者因受不当偏见的影响而对被询问者陈述的真伪性出现误判。

儿童询问：“看起来，她并不像是在胡编乱造。”

在感知、记忆与思维方面，儿童与成人存在明显的不同之处。鉴于此，为了能够帮助儿童做出真实、全面、完整的陈述，询问者必须对儿童的心智特征进行充分了解，并使用与儿童心智特征相适应的方法与技巧对儿童进行询问。如果询问者所使用的询问技巧不当，则可能导致儿童的陈述内容出现偏差。

在这一部分，我们来聚焦儿童询问。

我们首先从一部丹麦电影《狩猎》说起。

卢卡斯是幼儿园的一名工作人员。某天，卢卡斯遇到了小女孩克拉尔，克拉尔的父亲与卢卡斯是好友。克拉尔在去幼儿园的途中迷了路，于是卢卡斯把克拉尔送到了幼儿园。

几天之后，卢卡斯再次在克拉尔家门口遇到了克拉尔。克拉尔告诉卢卡斯，她的父母正在吵架，所以没有人送她去幼儿园。于是，卢卡斯再次把小女孩送到了幼儿园。

经过与卢卡斯的几次接触，克拉尔逐渐对卢卡斯产生了好感。某天，几个男孩子正在幼儿园里与卢卡斯玩耍，克拉尔看到这一情景，忍不住跑上前亲吻卢卡斯，并把自己精心准备的一个心形礼物送给了卢卡斯。

面对克拉尔的举动，卢卡斯吃了一惊。然后，卢卡斯郑重其事地告诉克拉尔，亲嘴这种事情仅限于对自己的爸爸妈妈，并且希望克拉尔把那个心形礼物送给她的同学。然而，克拉尔拒绝承认这个心形礼物是自己送给卢卡斯的，并转身离开。

当晚，在与幼儿园园长聊天时，克拉尔告诉园长，她讨厌卢卡斯。当幼儿园园长询问克拉尔为什么讨厌卢卡斯时，克拉尔答道：

“他很蠢，他有‘小弟弟’，并且他的‘小弟弟’很硬，硬得像木棍一样。他送给了我一个心形礼物，但我不想要。”

闻听此言，幼儿园园长马上意识到了事情的严重性。几天后，园长找到了自己的好友——一名心理医生。园长希望心理医生能够通过与克拉尔的谈话，来弄清楚卢卡斯究竟对克拉尔做了什么。

以下，是心理医生对克拉尔进行询问的具体过程。

心理医生说道：

“那么，我们现在就开始吧。克拉尔，你能跟我详细重复……你对园长所说的事情吗？”

克拉尔看了看园长，然后低下头，陷入了沉默。

心理医生与园长对视了一眼。园长转过头，注视着克拉尔，充满鼓励地冲克拉尔点了点头，说道：

“快告诉他你跟我说的事情啊，关于那个心形礼物的事情。”

克拉尔紧皱着眉头看着园长。半晌，克拉尔说道：

“我什么都没说。”

心理医生问克拉尔：

“难道，那是园长自己编造出来的？”

克拉尔没有回答。

心理医生继续问克拉尔：

“还是……你编造出来的？”

克拉尔马上摇头，说道：

“不是。”

心理医生说道：

“好的，那么试着跟我说吧。”

克拉尔再次陷入了长时间的沉默。
园长焦急地看着克拉尔，说道：

“你可以说出来的。”

克拉尔看着园长，依然没有说话。
心理医生问道：

“你是不是真的说……你看见过……卢卡斯的‘小弟弟’？”

克拉尔看了看心理医生，然后用力地摇了摇头。
一旁的园长深深地叹了一口气。
心理医生继续鼓励道：

“试着告诉我卢卡斯对你做的事。你可以试着说的，克拉尔。”

克拉尔低下了头，然后说道：

“我想出去玩儿。”

此时，园长对克拉尔说道：

“但你必须回答他（心理医生）。”

园长继续对克拉尔说道：

“别怕，他（心理医生）是好人，他只是想知道发生了什么。”

心理医生继续问克拉尔：

“卢卡斯是不是在这里给你看过他的‘小弟弟’？”

克拉尔没有说话。
心理医生继续追问：

“是这样吗？”

很长时间的沉默后，克拉尔缓缓地点了点头。
心理医生露出了欣慰的笑容，他对克拉尔说道：

“你点头了。”

心理医生继续追问：

“是在幼儿园吗？”

克拉尔点了点头。
心理医生继续追问：

“告诉我具体发生了什么。”

看到克拉尔依然没有说话，心理医生说道：

“园长告诉我，你对她说卢卡斯的‘小弟弟’是硬的。他的‘小弟弟’是硬的吗？”

克拉尔迅速地点了点头，却又马上说道：

“好像是，我不记得了。”

心理医生问道：

“克拉尔，谈论卢卡斯让你觉得不舒服吗？”

此时窗外传来了儿童嬉戏声。克拉尔转过身看了一眼窗外，然后转回身，点了点头。

心理医生接着问道：

“因为你不喜欢他对你做的事情吗？”

克拉尔点了点头。

心理医生说道：

“你表现得很好。回答下面这些问题，很快就结束了。”

克拉尔点了点头。

心理医生继续问道：

“在给你看了‘小弟弟’之后，他接下来做了什么？”

克拉尔说道：

“我不知道。”

心理医生继续问道：

“你摸过他的‘小弟弟’吗？你不记得了？你看到有白色的东西流出来吗？”

此时，园长起身快步走到垃圾桶边，开始呕吐。
克拉尔目睹了园长的举动。
心理医生说道：

“可能一次问的问题太多了。你可以出去玩儿了。”

克拉尔走出了房间。
心理医生面色凝重地对园长说道：

“这种情况，应该让警方介入，而且需要家长的批准。”

园长说道：

“谢谢你能来帮忙，我完全不知道怎么办了。克拉尔想象力很丰富，但是我相信她。”

心理医生说道：

"而且，她看起来并不像是在胡编乱造。"

园长说道：

"确实不像。"

下面，我们一起来梳理一下，在对克拉尔进行询问的过程中所存在的问题。

问题一：询问者立场偏离

在得知儿童可能遭受非法侵害之后，成人出现愤怒、痛心、焦急等情绪是十分正常的。但作为询问者则必须在对儿童进行询问的过程中坚持客观中立的立场。询问者应当牢记，自己的首要任务是客观地了解儿童究竟经历了哪些事情，而并非一味地向儿童求证自己对于非法侵害事实的预设是否正确。

在对成人进行询问的过程中，询问者应当坚持中立的立场来对事实进行调查与了解。而在对儿童进行询问的过程中，坚持中立立场被提升到了更为至关重要的位置。这是因为，儿童的记忆脆弱性、易受暗示性等心智特点，导致其陈述内容必然更易受到询问者内心预判的影响，并最终成为询问者心中所预期的样子。

在上述询问过程中，当园长意外听到小女孩克拉尔那几句反常的叙述之后，敏锐地意识到克拉尔可能遭受了卢卡斯的非法性侵害。而园长与心理医生在对克拉尔进行询问的过程中，均不是站在中立的立场来向克拉尔了解当天发生的事情。

事实上，在对克拉尔进行询问之前，园长与心理医生内心对于克拉尔遭受卢卡斯侵害的事情已经坚信不疑。比如，在心理医生询问克拉尔的过程中，园长曾多次对克拉尔进行鼓励：

> “快告诉他你跟我说的事情啊，关于那个心形礼物的事情。”
> “你可以说出来的。”
> “试着告诉我卢卡斯对你做的事。你可以试着说的，克拉尔。”

园长内心其实并未考虑到，克拉尔所描述的“并且他的‘小弟弟’很硬，硬得像木棍一样”也许只是她从哥哥或其他人那里听来的说辞。相反，园长此时已经坚信克拉尔遭到了卢卡斯的非法侵害，只是希望克拉尔在面对心理医生时，能够再一次对这件事情进行叙述。

对于心理医生而言，其在询问开始之初的一个用词同样耐人寻味。具体来说，在见到克拉尔后，心理医生对克拉尔说道：

> “那么，我们现在就开始吧。克拉尔，你能跟我详细重复……你对园长所说的事情吗？”

读者已经注意到，在这句问话中，心理医生并没有告诉克拉尔，她应当“如实”描述发生在自己身上的事情。相反，心理医生告诉克拉尔，她应当“重复”之前对园长所说的事情。

一个不起眼的用词，同样暴露了询问者内心的立场。

也正因为如此，尽管克拉尔在接受询问的过程中，多次表现出沉默不语，或是对自己遭受非法侵害的事情予以坚决否认，但园长与心理医生却始终坚持，甚至有些执拗地要求克拉尔对遭受非法侵害的具体过程进行详细描述。最终，园长与心理医生成功引导克拉尔承认自己确实遭受了非法侵害。而克拉尔对遭受侵害的承认，无疑又进一步强化了园长与心理医生的内心确信。当克拉尔离开房间后，园长对心理医生说道："克拉尔想象力很丰富，但是我相信她。"

问题二：询问者角色越位

受儿童心智发育水平的影响，询问者在对儿童进行询问的过程中，需要对儿童进行相对较多的引导，但无论如何，儿童才是处于核心位置的叙述者。儿童对自己所经历的事情及发生在自己身上的事情进行详细的叙述，才是整个询问过程的重点。询问者不应越位成为儿童的"叙述代言人"，而将儿童置于"点头与摇头"的尴尬位置。

在上述询问过程中，我们会十分明显地看到询问者的这种角色越位。在整个询问过程中，小女孩克拉尔并未对发生在自己身上的事情进行任何的描述，其既没有叙述自己是否看到过卢卡斯的"小弟弟"，也没有叙述自己是否摸过卢卡斯的"小弟弟"，更没有提及是否看到有白色的东西流出来。

整个询问过程在某种程度上成为询问者的单方叙述。心理医生向克拉尔询问了近二十个问题，但克拉尔对这些问题基本没有进行任何回答，更没有对这些问题所涉及的事情进行详细的描述。

事实上，克拉尔仅仅是通过点头或摇头的方式参与到了这次的询问中。

问题三：询问方式错误

在对儿童进行询问的过程中，常见的错误询问方式有许多种。下面，我们就对较为常见的五种错误询问方式展开讨论。

一是封闭式提问。

所谓封闭式提问，是指在提问时给回答者设置了一个框架，回答者只能在框架内选择“是”或“不是”、“对”或“不对”来进行明确回答。

封闭式提问的优点，在于能够使回答者针对某一问题给出明确的结论，确保答案的唯一性，从而对事实进行更为精确的判断。但在对儿童进行询问的过程中，封闭式提问存在明显的弊端。

首先，封闭式提问在发问方式上具有一定的暗示性。

比如，心理医生询问克拉尔“卢卡斯是不是在这里给你看过他的‘小弟弟’”，这就是一个带有较强暗示性的封闭式提问，即暗示“卢卡斯确实在这里给你看过他的‘小弟弟’”。如果说封闭式提问本身带有一定的暗示性，那么在对儿童进行使用时，这种暗示性会变得更为强烈，并极有可能误导儿童做出错误的回答。

其次，对封闭式提问的回答往往“非此即彼”，但有时封闭式提问本身可能存在一定的问题。然而，考虑到儿童的心智发育特点，在对封闭式提问进行回答时，儿童往往不能迅速认识到封闭式问题中所存在的问题，这可能会导致儿童在错误问题的引导下进行错误回答。

比如，询问者对一名成人甲进行询问，希望能够通过对甲的询问来了解乙在案发当晚的一些具体行为。

询问者对甲进行了这样的封闭式提问：

“那晚你见到乙时，乙是否携带了一个蓝色的皮箱？”

甲在第一时间即发现了这一封闭式提问中存在的问题，于是答道：

"你这个问题我没法回答。那天晚上我根本连乙的人都没见过，我又哪里会知道他有没有携带一个蓝色皮箱？"

但对于儿童而言，其未必会在第一时间敏锐地认识到这一封闭式提问存在的不当之处，从而可能会对这一封闭式提问做出"是"或"否"的错误回答。

鉴于此，在以儿童为对象进行询问时，一个重要的询问原则即尽量减少和避免对儿童使用封闭式提问。

二是重复性提问。

与成人相比，儿童具有更高的受暗示性。在与成人的对话过程中，儿童会更多地对成人的想法与意见进行揣摩，并积极地使自己的行为与表现服从成人的想法与意见。

鉴于此，在对儿童进行询问的过程中，询问者应当尽量避免使用重复性提问。一方面，重复性提问可能会给儿童带来二次心理伤害；另一方面，则是因为重复性提问往往会较为明显地向儿童传递出询问者的想法与意见。儿童在接收到这一不恰当的信息后，可能会为了使自己的表现服从于成人的想法而对陈述进行不同程度的歪曲。

比如，询问者向儿童进行这一提问：

"你看到有白色的东西流出来吗？"

对于这一问题，儿童进行了否定回答。

如果询问者向儿童再次提出这一问题，即进行重复性发问，那么将会对儿童的叙述内容产生明显影响。原因在于，当再次被问到同样的问题时，儿童会敏锐地察觉到自己先前做出的回答与询问者的想法也许并不一致，或是自己先前做出的回答并没有令询问者感到满意。换句话说，重复性的提问实际上是以一种较为隐蔽的方式向儿童传递出询问者的想法，即“你应当回答看到有白色的东西流出来”。

三是连续式提问。

所谓连续式提问，是指询问者在一次发问的过程中，向儿童连续提出了数个问题。

在对儿童进行询问的过程中，询问者应当尽量避免使用连续式提问。原因在于，与成人相比，儿童的认知能力较低，对问题进行信息加工与处理的能力也较差。鉴于此，如果在一次发问过程中连续提出数个问题，可能使得儿童在回答问题的过程中产生迷惑，遭遇困难，无法对数个问题一一进行回答，从而不利于儿童做出真实准确的陈述。

在上述询问过程中，心理医生询问小女孩克拉尔，卢卡斯在给她看了自己的“小弟弟”后又做了什么事情。对于这一问题，克拉尔回答称自己不知道。此时心理医生急于从克拉尔口中了解到更多信息，于是问道：

“你摸过他的‘小弟弟’吗？你不记得了？你看到有白色的东西流出来吗？”

这就是一个典型的连续式发问。询问者一股脑儿地向儿童抛出了一连串的问题，但儿童显然并没有能力来对这些问题一一进行妥善的加工与处理。

四是强迫式发问。

以儿童为对象的询问中存在着一个重要原则，即询问者应当避免强迫儿童对一些问题进行回答。诚然，在对儿童进行询问的过程中，儿童出于种种原因，可能会对询问者提出的一些问题进行回避或拒绝，询问者也会通过多种方法与技巧来引导儿童对这些问题进行描述与还原。但无论如何，询问者不应强迫儿童对一些问题进行回答。

在上述询问过程中，心理医生询问克拉尔，卢卡斯对克拉尔做了什么事情。对于这一问题，克拉尔并不愿意进行回答，而是表示自己想要出去玩儿。此时，园长非常严肃地告诉克拉尔：

“但你必须回答他（心理医生）。”

于是，克拉尔只得被迫继续对问题进行回答，并通过点头来表示卢卡斯确实给自己看过他的“小弟弟”。对于克拉尔的这一举动，心理医生感到欣慰，认为克拉尔终于鼓起勇气来描述自己所遭受的侵害。但事实上，克拉尔的这一举动，在很大程度上只是为了能使自己尽快摆脱眼前糟糕的境况。

其实，经过梳理我们会发现，克拉尔通过点头或摇头向心理医生传达错误的信息，也正是从园长强迫其“必须回答他”之时开始的。从那一刻起，克拉尔慢慢意识到，如果自己不给出令询问者满意的回答，自己就不能“出去玩儿”，也无法摆脱这种糟糕的境况。鉴于此，克拉尔向心理医生传达出错误的信息，也就不足为怪了。而当心理医生告诉克拉尔“回答下面这些问题，很快就结束了”时，克拉尔快速用力地点头，这也正是此时克拉尔急于想要摆脱此种境况的生动体现。

五是责备式发问。

询问者在对儿童的询问过程中，应当避免对儿童进行责备。对于儿童来说，其受暗示的水平显著高于成人。成人的一个用词、一句语气、一个表情甚至一个不易察觉的眼神，都可能会使儿童为了顺应成人的想法而改变自身的陈述。而对儿童进行责备，无疑会在询问过程中对儿童施加更大的心理压力，进而造成儿童在强大的压力下对事实进行错误的陈述。

在上述询问过程中，克拉尔在接受询问之初，向心理医生明确表示：

> “我什么都没说。”

如果说之前对园长的叙述在某种程度上是小女孩克拉尔的无心之谎，那么在面对心理医生时，克拉尔已经清楚地知道自己之前对园长所叙述的事情并不存在，并且她不希望继续重复自己的无心之谎。

但心理医生接下来问克拉尔：

> “难道，那是园长自己编造出来的？”
> “还是……你编造出来的？”

在克拉尔看来，这无疑是心理医生对她的一种责备。于是，克拉尔马上回答道：

> “不是。”

这也是在整个询问过程中，克拉尔做出的最迅速的一次回答。

如果心理医生采用另一种询问方式，或许在询问初期即能够了解到克拉尔先前对园长的叙述只是无心之谎。但克拉尔在受到责备后所进行的明确否定回答，使得错误被延续下去。

问题四：询问前准备不足

如果询问者想使儿童对自己所经历的事情进行完整、真实的叙述，那么就必须对正式询问前的准备工作予以充分重视。

询问前的准备工作包含许多方面。比如，询问者在对儿童进行正式询问之前，应当首先与儿童建立起融洽与信任的关系。相关的心理学实证研究结果表明，融洽与信任关系的建立，有助于儿童向询问者提供更多的信息，并且这些信息本身的准确性也更高。

再如，NICHD是国外较为成熟的针对儿童的结构化询问方法。NICHD中提到，询问者在对儿童进行正式提问之前，需要帮助儿童更好地对事物的“真假”进行辨别。我们也许会想当然地认为，儿童自然有能力去分辨事物的“真”与“假”，但有时情况并非如此。鉴于此，询问者可以通过与儿童进行一些互动，来帮助儿童更好地理解事物的“真”与“假”。比如，询问者可以通过“我今天戴的帽子是红色的吗”和“我今天戴的帽子是蓝色的吗”等问题，来帮助儿童更好地理解“真”与“假”的概念。

以上，我们针对心理医生在对克拉尔询问过程中存在的问题进行了分析。在这一过程中，相信读者对于以儿童为询问对象的特殊性也有了更进一步的理解。

下面，笔者想强调另外两点。

第一，询问者在对儿童进行询问的过程中应当始终牢记，不论是在言语表达方面，还是言语理解方面，儿童均与成人存在显著不同。鉴于此，询问者必须使用儿童的语言体系，即儿童能够理解、能够运用、能够表达的语言来对儿童进行询问，而不应使用成人的语言体系对儿童进行询问。

比如，询问者对一名儿童进行这样的询问：

“他这样做的动机是什么？”

“动机”一词对于成人来说自然不难理解，但对于儿童来说，其有时并不一定能够明白其中的含义。

再如，在司法实践与测谎实践中，询问人员或测谎师常常会对案件当事人或被测人进行这样的询问：

“你是否具备阅读能力？”

在对成人进行询问时，使用“阅读”一词自然不存在明显问题，但对于儿童来说，其未必知晓“阅读”一词的准确含义。

那么，当儿童意识到自己并不理解“动机”或是“阅读”的具体含义时，他们会在第一时间向询问者讲出自己的困惑吗？

答案常常是否定的。

鉴于此，询问者应当使被询问的儿童明白，如果儿童对于询问者提出的问题存在疑问，或者认为询问者提出的问题本身存在错误，那么儿童应当在第一时间向询问者说明情况。

第二，儿童心智发展水平的特殊性，导致儿童有时并不能够对行为的意义进行理解。询问者应当充分认识到这一点，在对儿童进行询问的过程中，更多着眼于引导儿童对具体的行为本身进行叙述，而尽量避免要求儿童对行为的意义进行叙述。

比如，询问者向儿童提出这样一个问题：

“那个叔叔把你抱到沙发上之后，为什么又走了出去？”

这一问题的使用是需要斟酌的，因为儿童在回答该问题时，不可避免地要对嫌疑人这一行为的意义进行理解。但这对儿童来说，有时是十分困难的。

人格特质：形形色色的被测人

在测谎实践中，测谎师会面对形形色色的被测人。

有的被测人在面对测谎师时会表现出高度的敏感多疑，即使其本身所陈述内容为真，也依然会对自己所讲的每一个字反复斟酌与思量；但有的被测人在面对测谎师时表现出十足的放松，对于自己知晓的所有情节知无不言。

有的被测人在与测谎师对话的过程中侃侃而谈，将自己对于整个事情的看法、感受与其他甚至不相干的事情一股脑儿地向测谎师进行倾诉；但有的被测人会在与测谎师的对话过程中惜字如金，甚至只是用摇头或点头来对自己的观点进行表达。

有的被测人在与测谎师梳理案情的过程中，能够相对平静地对案发当时的具体情形进行回忆；但有的被测人会在这一过程中再次出现强烈的内心体验，被诱发的情绪久久不能平息。

有的被测人在接受正式测谎的过程中，自身的注意焦点始终跟随测谎师的引导；但有的被测人在接受正式测谎的过程中，注意力随时会被场景中的无关刺激所干扰，注意焦点出现频繁的切换。

从心理学的角度来看，被测人具有不同的人格。

人格是指个体在遗传的基础上，通过与后天环境的相互作用而形成的相对稳定的、独特的心理行为模式。被测人所表现出的敏感、多疑、热情、冲动、谨慎等，即为被测人所具有的人格特质，它们是构成人格的基本要素。人格特质的存在，使得个体能够在面对不同种类的刺激时做出相似的行为，即表现出**跨情境的一致性**。

回顾国内外关于测谎的研究文献，我们会发现，相关的实证研究大多集中在以下几个方面。

第一，**是分析与比较各类测谎范式的准确率。**

测谎实践中存在着许多不同的测谎范式，而每种测谎范式在不同应用情境中的准确率如何，各种测谎范式应当怎样更好地进行配合使用，是研究者们关注的一个问题。

第二，**是探索与论证影响测谎准确率的各种因素。**

测谎是一个精密的心理学实验，鉴于此，在测谎实践中，许多因素可能会对最终的测谎结果产生影响。某一因素会对测谎结果产生怎样的影响，哪些操作方式会更好地提高测谎的准确率，研究者们同样进行了大量的精细化实证研究。

第三，**是创新与研发测谎的各类全新指标。**

作为一门心理学技术，测谎技术也在经历着日新月异的发展。在传统测谎指标的基础上，全新的测谎指标正在飞速涌现，并开始逐渐应用于测谎实践。对全新的测谎指标的创新与研发，同样是研究者们的一个研究重点。

事实上，除以上几个方面外，另一个研究主题也逐渐引起了研究者的兴趣，那就是**被测人的人格特质对测谎的影响**。

一个重要的原因在于，已有的一些研究发现，被测人不同的人格特质有时确实能够对测谎产生不同的影响。

在这一部分，我们来关注被测人的人格特质。

关于人格的分类，最为读者所熟知的，应当是古罗马医生希波克拉底提出的“体液说”。

“体液说”认为，人体含有四种不同的液体，分别为血液、黏液、黄胆汁和黑胆汁。这四种体液中，血液产生于心脏，黏液产生于脑，黄胆汁产生于肝脏，黑胆汁产生于胃。

四种体液的不同混合构成了人体的性质。具体来说，血液占优势的个体属于多血质，黏液占优势的个体属于黏液质，黄胆汁占优势的个体属于胆汁质，黑胆汁占优势的个体属于抑郁质。

“体液说”在后来得到了盖伦的继承和发展。“盖伦气质说”将人的气质类型分为了胆汁质、多血质、黏液质、抑郁质四种类型，并对四种气质类型的特点分别进行了细致描述。

胆汁质的个体热情直爽、精力旺盛。他们脾气急躁、具有魄力，并且表里如一；他们动作迅速、反应果断，情感的发生也十分迅速与强烈。但是，他们常常感情用事，做事情较为粗心，自制力有时也显不足。

多血质的个体开朗活泼、容易相处。他们充满朝气，善于交际；他们思维敏捷，能够迅速地学习和接受新事物，也能够很快地适应环境的变化。但是，他们的注意力容易发生转移，情绪体验不够深刻，有时会见异思迁。

黏液质的个体做事稳重、遇事沉着。他们在情感上不易激动，也不轻易流露出自己的情感；他们能够勤勤恳恳地做事，不会轻易地被别的事情分心，也不会去做没有把握的事情。但也正因为此，有时他们的灵活性会稍显不足。

抑郁质的个体敏感羞涩、想象力丰富。他们的内心体验非常深刻，但是情感并不轻易外露；他们喜欢独处，不喜欢交往；他们遇事往往会三思而后行，但这也导致他们在做选择时往往会优柔寡断。

直到今天，它有时依然会被现代心理学所沿用，活跃于心理学的舞台。

如果要介绍人格特质理论的科学发展，就不得不提到奥尔波特。作为人格特质理论的重要先驱，奥尔波特提出，人格的基本测量单元，就是特质。他将特质具体分为共同特质和个人特质。

共同特质，指的是同一文化形态下，人们所具有的一般人格特质。

个人特质，指的是个人所独有的人格特质。这也是人格心理学家所研究的重点，并且提出了这样的论断：

世界上没有两个人的个人特质是完全相同的。

在此基础上，奥尔波特继续将个人特质细分为三个层次，分别为：

首要特质、重要特质和次要特质。

首要特质，是一个人最重要的特质，它在人格中处于主导地位，并且支配着我们行为的方方面面。比如，“敏感多疑”是甲的首要特质，那么这一首要特质将在很大程度上支配甲所做出的行为。

重要特质，是人格的构件。每个人身上都有几个重要特质，并且这些特质彼此之间往往存在联系。虽然重要特质不像首要特质那样，能够支配我们的日常行为，但它依然会对行为产生明显的影响。

比如，对于首要特质为“敏感多疑”的甲来说，“认真”“谨慎”“聪明”“自卑”“占有欲强”“虚荣”就是甲的几个中心特质。

次要特质，是那些不决定人格的特质。它对我们行为的影响很小，往往只在一些特殊情境中才表现出来。比如，对于首要特质为“敏感多疑”的甲来说，“恐高”就是一个次要特质。它只在特殊的情境中才会表现出来，并且不会影响到甲的人格。

作为人格心理学的先驱，奥尔波特的人格特质理论为散乱的特质描述搭建了体系与框架。尽管如此，当应用特质理论对人格进行描述，有时仍然会出现一些问题。比如：

“描述这种人格特质应当使用哪一个词汇？”
“意义相近的词汇这么多，应当选择哪一个？”
“这几个看起来相似的人格特质，是不是同一种人格特质？”
……

针对这些问题，心理学家卡特尔进行了深入的研究。

卡特尔首先将人格特质区分为表面特质和根源特质。具体来说，表面特质是指通过外部行为就能够观察到的特质，它可能会随着环境的改变而改变。根源特质则是指那些内在的最基本的人格特质，它们是非常稳定的，不会轻易发生改变，根源特质决定了个体的表面特质。

接下来，卡特尔将因素分析的统计方法应用于人格心理学的研究。他将数以万计的形容人格特质的词汇用因素分析的统计方法进行处理，并最终找到了16种根源特质。这16种根源特质分别是：

乐群性：高者热情、合群，低者孤独、冷漠。
聪慧性：高者聪明、思维敏捷，低者迟钝。
稳定性：高者情绪稳定，低者情绪不稳定，易激动。
恃强性：高者独立、支配欲强，低者顺从、服从他人。
兴奋性：高者轻松、无忧无虑，低者严肃、小心谨慎。
有恒性：高者做事尽责，低者敷衍了事。

敢为性：高者胆大、敢为，低者胆小、退缩。

敏感性：高者感情用事，低者理智。

怀疑性：高者易怀疑他人，低者易相信他人。

幻想性：高者爱幻想，低者重现实。

世故性：高者精明、世故，低者天真、坦诚。

忧虑性：高者抑郁、烦恼，低者自信、安详。

实验性：高者创新、自由，低者保守。

独立性：高者自作决断，低者依赖他人。

自律性：高者自控、自律，低者我行我素。

紧张性：高者易紧张，低者心平气和。

16种根源特质的发现，使得我们能够更加直观地对个体的人格面貌进行把握，而依据这16种根源特质所编制的**“卡特尔十六种人格因素量表”**，也成为权威的个性测验方法。

心理学研究者在对人格进行因素分析的过程中，进一步凝练出了五个最基本的人格维度，即通过这五方面的特质来涵盖人格的所有方面。该模型被称为**“大五人格模型”**。

具体来说，这五个最基本的人格维度如下：

维度一：外倾性

这一维度用来评估个体的内、外向性格。

具体来说，外倾性的个体喜欢与别人接触，喜欢引起别人的注意，他们热情、健谈、自信，喜欢追求刺激和冒险。

而内倾性的个体则喜欢安静，喜欢一个人独处，不喜欢与外界有过多的接触，他们讨厌吵闹、沉默寡言、保持谨慎。

维度二：宜人性

这一维度用来评估个体对他人所持的态度。

具体来说，宜人性高的个体善解人意、慷慨大方，他们相信别人是诚实可信的，在与人交往时，他们也会坦率、真诚。他们富有同情心，愿意去帮助别人，也愿意牺牲自己的利益。

而宜人性低的个体是自私、倔强、愤世嫉俗的，他们认为别人是自私的和虚伪的，在与人交往时，他们往往会掩饰自己，不向别人透露自己的想法。他们并不关心别人的利益，所以他们也不愿意去帮助别人，他们对别人的痛苦也没有强烈的感受。

维度三：尽责性

这一维度用来评估个体在目标导向行为上的组织和坚持能力。

具体来说，尽责性高的人有责任感，按照规矩办事。他们是可以信赖的，也是有礼貌的，做事情也非常有条理。他们有抱负，富有进取心，并且也很勤奋。即使任务非常枯燥乏味，他们也能坚持将其完成。

尽责性低的人没有很好的计划性，做事也没有条理，因此显得杂乱无章。他们经常被别人看作不可信赖的，因为他们并不严格遵守规矩，做事漫不经心，马马虎虎。他们往往没有什么很大的抱负，满足于完成基本的任务。他们做事拖延，也往往半途而废。

维度四：开放性

这一维度用来评估个体的认知风格。

具体来说，开放性高的人想象力丰富、创造力强。他们有着强烈的好奇心，也喜欢去接触新的事物、追求新异的刺激、尝试新的活动。他们喜欢标新立异、挑战权威和传统观念。

开放性低的人比较讲求实际、理性实干。他们的生活方式较为固定，更喜欢熟悉的事物。他们好奇心不强，思维方式有时也会出现刻板化。他们往往喜欢遵循权威和传统观念，不愿意去挑战和改变它们。

维度五：神经质

这一维度用来评估个体的消极情绪体验和情绪的不稳定性。

具体来说，高神经质的人容易发脾气，他们会体验到更强的心理压力，因此更容易感受到焦虑、紧张、恐惧等消极情绪。他们对于外界刺激的反应比一般人要强烈，对情绪的调节能力也比较差。也正因为如此，他们经常会处于不良的情绪之中。除此以外，他们十分关心别人如何看待自己，害怕别人嘲笑自己。

低神经质的人不容易发脾气，他们情绪比较平静和稳定，很少有烦恼，也很少感受到焦虑、悲伤等负面情绪。他们有比较强的自我控制能力，较少情绪化。除此以外，他们在与别人的交往过程中自信、镇定，不去过分关心别人对自己的看法。

以上，是“大五人格模型”的基本框架。

在这一部分，我们对心理学中的人格特质及相关的理论进行了简单的介绍。在当前的测谎研究领域中，研究者们已经开始依托各种人格特质理论，针对被测人不同人格特质对测谎产生的影响展开了一系列的实证研究。被测人不同的人格特质是如何对测谎产生影响的？我们又应采取怎样的方法，来控制或是消除被测人不同的人格特质所带来的测试误差？这些，都是需要我们认真思考的问题。

注意的选择性：远离“冲突中心”

在测谎实践中，委托到测谎实验室的伤害类案件除了常见的“一对一冲突”情形，有时还会存在“多人混战”或“多人拉架”的情形。此时，“乱作一团”是对案发当时具体情形的真实写照。

某日深夜，甲与朋友在一处小吃摊吃夜宵，乙坐在邻桌。因用餐地方狭窄，甲、乙二人言语间发生了口角，进而引发了肢体冲突。甲伸出胳膊拽住乙的衣领，二人随即撕扯在一起。

甲的朋友见状，怕事情闹大，赶忙挤到二人中间，用力想要把二人推开。餐馆的一名男服务员看见了，也赶紧跑过来，抓住二人的胳膊，想把二人拽开。正在小吃摊吃夜宵的一名顾客，则远远地站在另一边，看着已经挤成一团的四个人。

这次冲突造成了甲的膝盖骨折。甲坚称，在与乙发生冲突的过程中，乙抬腿用力踹了自己一脚，正踹在自己的膝盖上，自己感到一阵剧痛，随即倒地。乙则辩称，自己根本没有踹过甲，甲的膝盖骨折可能是酒后站立不稳摔倒所致的，与自己无关。

为了帮助判断甲、乙二人的说法孰真孰假，案件承办人委托测谎师对甲、乙二人分别进行测谎。

测谎结果显示：甲的说法为真，乙在冲突过程中确实抬腿用力踹了甲的膝盖。

现在，请读者来思考这样一个问题。

案发当时，甲的朋友、餐馆的服务员和一名顾客均目击了冲突发生的整个过程。那么，在这三人当中，谁更可能看到乙抬腿踹甲的这一具体动作呢？

事实是，在这三人之中，只有那名顾客看到了乙抬腿踹甲的具体动作。而甲的朋友与餐馆服务员在各自的陈述中，均未提及乙抬腿踹甲的这一情节。在被问及是否看到乙有抬腿踹甲的动作时，二人亦分别表示并没有注意到。

事发当时，甲的朋友和餐馆服务员与甲、乙二人距离更近，本应对甲、乙二人的具体行为看得更加真切。但四个人的八只手扭在一起，甲、乙二人的互相推搡混杂着喊骂，占据了两名证人的全部注意力，使得两名证人并未看到乙抬腿踹甲这一明显的伤害动作。

通过这个例子，我们引出心理学领域中的一个重要概念：**注意**。

“注意”是指个体的感觉与知觉对一定对象的指向与集中。在众多的心理学术语中，“注意”是一个与众不同的存在。一方面，它与感觉、知觉的关系十分密切；另一方面，它又是感觉与知觉的前置基础。当前的心理学教材均会从指向性与集中性等方面来对“注意”展开论述。而在测谎实践中，注意的指向性与集中性同样发挥着基础性的作用。

首先，是注意的指向性。

注意如何引导我们的意识指向特定的刺激与事物，心理学提出了多种不同的理论。但不论是过滤器理论、衰减理论、后期选择理论、多阶段选择理论，还是认知资源理论、双加工理论等，均认为我们在同一时间内无法对大量的刺激与事物进行感知。事实上，如果我们想要对一些刺激与事物进行深刻的、完整的、准确的感知，就必须将心理活动进行有选择的指向和集中。

测谎的基础是被测人心理痕迹的存在。正是由于注意指向性的存在，被测人在面对大量刺激的过程中，能够对重要的、有意义的刺激进行有意识的关注与选择，其对这部分刺激能够形成清晰的心理痕迹。相反，离开了注意的指向性，被测人在面对大量的刺激时，将无法把有限的认知资源集中于重要的、有意义的刺激，相应地自然难以形成清晰、明确的心理痕迹。

其次，是注意的集中性。

注意的集中性，是指全神贯注、专心致志的状态。比如，考生能够在数小时的时间内心无旁骛地进行答题，医生能够成功地完成一台复杂的手术，所依靠的正是注意的集中性。

同样，在测谎的过程中，被测人也需要保持相当程度的注意集中。注意的集中性使得被测人在测谎过程中能够将注意的范围迅速缩小，对其他的无关刺激与干扰刺激予以忽视。事实上，测谎师在测前谈话阶段与被测人进行的案情梳理、在使用不同测谎范式前的不同指导语、在正式测谎阶段所设置的各类问题等，很多时候即为了进一步确保被测人注意的集中性。

离开了注意的集中性，测谎的结果也将受到不利影响。有经验的测谎师深谙其重要性，在整个测谎过程中会对被测人的注意集中性予以高度关注与实时监控。

但在测谎实践中，注意又常常是一把双刃剑。原因在于，除了指向性与集中性，注意同时还具有另一个重要特征，那就是注意的选择性。

注意的选择性，具体是指注意在引导个体有意识地对某些刺激进行加工的同时，会对其他刺激予以忽略。如在上例中，餐馆的服务员清楚地注意到了甲、乙二人在冲突过程中的互相推搡行为和手上的击打动作，但也正因为其所有注意力均被推搡行为等吸引，而导致其并未注意到乙抬腿踹甲这样一个明显的伤害动作。

在测谎实践中，在面对类似本例中的情形时，为了更好地还原案发当时的真实情况，除对嫌疑人与被害人进行测谎外，测谎师有时也会对案发现场的其他几名目击证人进行谈话或测谎。此时，测谎师不可避免地需要思考这样一个问题：

在这几人当中，谁可能会对案发当时的具体情形存在更加准确的记忆痕迹？

一种有效的做法是：

寻找离“冲突中心”较远的那个人。

具体到本例中，那名顾客就是在事发当时离“冲突中心”较远的那个人。

对于测谎来说，“注意”是一个至关重要的概念。事实上，“注意”又可以被进一步细分。下面我们结合测谎实践，来对三种“注意”进行介绍。

有的“注意”是自然而然发生的，有的“注意”则是有意为之；有的“注意”是没有准备的，有的“注意”则具有明确目的；有的“注意”是不需要意志努力的，有的“注意”则需要努力维持；有的“注意”是与个体的状态密切相关的，有的“注意”则会受到刺激物自身特点的影响。鉴于此，在心理学上，“注意”又被进一步细分为三种类型：

不随意注意、随意注意与随意后注意。

第一种注意，是**不随意注意**。

不随意注意是一种消极被动的注意。在不随意注意中，个体主观能动性的水平相对较低。从某种程度上来说，这是一种不受个体意志控制的注意。它自然而然地发生，它的出现没有明确的目的，它的存在与维持也不需要个体意志的努力。

举个例子。

“我本来不想掺和他们之间的事情，毕竟这是在人家的地盘上，于是我就坐在那里没有动。突然，他一下子站了起来，指着那个人开始骂。或许也跟喝了点儿酒有关系，他没能站稳，一屁股坐在了地上。我见状赶忙跑过去扶他，但是他身体太重，我没能扶他起来。就在这时，我突然听到那个人大喊了一声。我吓了一跳，不自觉地看过去，只见那个人在离我几米远的地方直直地站着，手里握着一个啤酒瓶。”

在这段陈述中，男子“大喊了一声”与“手里握着一个啤酒瓶”的行为即引起了陈述者的不随意注意。

首先，该名陈述者的这种注意是一种消极被动的注意，不因其主观状态而出现或不出现。

其次，该名陈述者的这种注意是自然而然发生的，其没有进行任何事前的准备，这种注意也没有任何明确的目的。

最后，该名陈述者的这种注意不受其意志控制，其也不需要通过意志努力来维持这种注意。

下面，我们来看影响不随意注意的几个因素。

鉴于不随意注意是一种消极被动的注意，因此对不随意注意的影响因素更多是来源于刺激物本身的一些特征。

不随意注意的第一个影响因素，是**刺激物的新异性**。当刺激本身具有异乎寻常的特性时，会更容易诱发个体的不随意注意。相反，当刺激物本身较为常见，且不存在异乎寻常的特性时，即不容易诱发个体的不随意注意。

“轮到她时，我忍不住多看了她两眼，因为她实在是太瘦了，我从没有见过像她那么瘦的人。”

“后面那个穿花衬衣的人引起了我和另一名值班同事的注意，他在取完钱后并没有离开，而是继续在大厅来回徘徊，嘴里一直嘟嘟囔囔，像是在自言自语。”

不随意注意的第二个影响因素，是**刺激物的强度**。当刺激物本身具有较高的强度时，会更容易诱发个体的不随意注意。相反，当刺激物本身的强度较弱时，即不容易诱发个体的不随意注意。

“我当时刚刚睡醒，突然闻到一股特别难闻的味道，是那种很久没有清洗过身体的味道。我顺着味道传来的方向看过去，发现一个人正站在我的床边。”

“我正在马路边等出租车，突然听到‘砰’的一声巨响，我吓得手里的手机掉在了地上。我回头一看，两辆轿车撞在一起了。一辆黑色的，一辆红色的。”

不随意注意的第三个影响因素，是**刺激物的变化性**。当刺激物本身存在运动变化时，会更容易诱发个体的不随意注意。相反，当刺激物本身处于静止状态时，即不容易诱发个体的不随意注意。

“我们当时正在商量怎么能把那辆车挪开，突然就看到我哥哥从院门口跑了进来。”

“就在这个时候，我注意到汽车仪表盘上的灯开始闪。”

需要强调的一点是，对于不随意注意来说，重要的影响因素是刺激的“相对”特征而非“绝对”特征。

比如，与刺激的绝对强度相比，刺激的相对强度更能引发个体的不随意注意。举例来说，在一场喧嚣的聚会之中，即使两人发生了激烈的争吵，也未必会引起周围人的注意；相反，在夜深人静的小屋中，即使是几下轻微的敲门声，也足以引起个体的注意。

再如，与刺激的绝对特异性相比，刺激的相对特异性更能引发个体的不随意注意。举例来说，在一场化装舞会之中，即使是特立独行的奇装异服，也未必会引起周围人的注意；相反，在整齐划一的队伍中，即使是一丝与他人不同的细微举动，也足以引起个体的主意。

第二种注意，是**随意注意**。

如果说不随意注意是一种消极被动的注意，那么随意注意就是一种积极主动的注意。随意注意是一种受个体意志控制的注意，它并非自然而然地发生，而是基于明确的目的出现的。并且，它的存在与维持也需要个体意志的努力。

举个例子。

"他回了一趟宿舍，大约过了十分钟后他回来了，之后，跟我说他要出去一趟。我猜他回宿舍应该是去取东西了，我想看看他到底要去干什么，于是我跟在他后面一起出了屋。出屋之后，他径直往小区南边走了过去。那里停着许多车，他走到其中一辆白色轿车旁边，我也跟了过去。我看到他四下张望了一下，然后身体歪了歪，靠在了那辆白色轿车上，右手从裤兜里掏出了一个尖东西，对着那辆白色轿车的车胎，应该是右前胎，扎了下去。他的动作幅度不大，扎的速度也挺快，如果不注意，根本不会留意到他是在扎车胎。然后他继续往南走，我没有跟过去。"

在这段陈述中，陈述者对于嫌疑人扎刺车胎过程的详细描述，就是基于陈述者的随意注意。

首先，该名陈述者的这种注意是一种积极主动的注意，被测人主动寻求对嫌疑人扎刺车胎的行为进行注意。事实上，由于嫌疑人扎刺车胎的行为本身较为隐蔽，如果单纯依靠不随意注意，被测人将很难注意到嫌疑人的这一系列行为。

其次，该名陈述者的这种注意具有明确的目的，即“我想看看他到底要去干什么”。在这一目的的引导下，陈述者对嫌疑人扎刺车胎的行为进行了充分注意。

最后，该名陈述者的这种注意受其意志控制，陈述者需要投入一定程度的意志努力以维持这种注意。

下面我们来看影响随意注意的几个因素。

随意注意的第一个影响因素，是**目的具体性**。正如之前所提到的，随意注意的一个重要特点在于它并非自发出现，而是基于一定目的而出现。鉴于此，目的越明确、越具体，越容易引发个体的随意注意。

随意注意的第二个影响因素，是**兴趣依从性**。当个体对于某一事物或活动存在兴趣时，将更容易引发个体的随意注意。

需要强调的是，这里的兴趣特指“间接兴趣”，而非“直接兴趣”。具体来说，“直接兴趣”是指个体对某一事物或活动本身感兴趣。比如，儿童对某一动画片十分喜爱，即对该动画片存在“直接兴趣”。而“间接兴趣”则是指个体对某一事物或活动本身并不感兴趣，但对该事物或活动的结果感兴趣。比如，学生可能对一些枯燥的作业并不感兴趣，但当想到按时完成作业就能够得到老师的表扬时，就会积极主动地完成作业。

随意注意的第三个影响因素，是**组织活动能力**。具体来说，如果个体能够正确地、有条理地、有计划地组织活动，那么个体将更容易引发和维持随意注意。比如，在从事一项复杂的任务之前，事先拟定好具体的操作步骤，有助于引发和维持个体的随意注意。

随意注意的第四个影响因素，是**知识与经验**。具体来说，如果事物与个体的知识经验存在一定的关联，那么个体就能够较为容易地对该事物进行理解，因而能够较为容易地维持对该事物的随意注意。相反，如果事物与个体的知识经验并不存在关联，那么个体对于事物本身较为陌生，也因而较难维持对该事物的随意注意。

随意注意的第五个影响因素，是**人格特征**。个体的人格特征对于随意注意的维持同样会产生影响。具体来说，如果个体本身具有较强的意志，那么他将更容易把注意力长时间地集中于当前的任务，从而更长时间地维持随意注意。相反，如果个体本身意志较弱，那么他将很难把注意力长时间地集中于当前任务。

第三种注意，是**随意后注意**。

随意后注意是注意的一种特殊形式。说它特殊，是因为它同时具备了不随意注意与随意注意的一些特征。

具体来说，随意后注意具有明确的目的，这一点与随意注意相似。但同时，随意后注意的维持不需要意志努力，这一点又与不随意注意相似。

从发生机制上来看，随意后注意是在随意注意的基础上发展起来的。举例来说，甲学习钢琴，由于最初基本功的练习十分枯燥，因此甲需要投入大量的意志努力以将自己的注意维持在练习钢琴上。此时甲对于练习钢琴是一种有目的、需要意志努力的随意注意。但随着练习的时间变长，甲弹钢琴的水平也得到了明显提高，并且已经能够流畅地弹奏出优美的钢琴曲。在这一过程中，甲逐渐对弹钢琴产生了直接兴趣，开始慢慢地喜欢弹钢琴，并且愿意主动地投入这项活动之中。此时甲对于练习钢琴已经从随意注意转变为一种有目的、不需要意志努力的随意后注意。

由此我们会发现，随意后注意既能服从于当前的任务，又能够节省意志的努力，因此对于完成复杂性、长期性、持续性的任务极为重要。这是其与不随意注意、随意注意相比的明显优势所在。

下面我们来看影响随意后注意的两个重要因素。

第一个因素，是**活动的自动化程度**。活动的自动化程度较高，则个体较容易形成随意后注意。比如在上面的例子中，甲在练习钢琴的过程中，水平逐渐提升，演奏逐渐熟练，弹钢琴的自动化水平逐渐提高，这也就为甲随意后注意的形成打下了基础。

第二个因素，是**对活动本身的直接兴趣**。对活动本身存在浓厚的兴趣，也是个体不随意注意形成的一个重要因素。比如在上面的例子中，甲最初感觉练习钢琴的过程十分枯燥，所依靠的是主观的意志努力来维持这种练习。但在练习钢琴的过程中，甲逐渐对于弹钢琴产生了直接兴趣，开始积极主动地投入对钢琴的练习之中，而不再需要意志努力来维持自己的注意。

“四耳模型”：意图的错误理解

情形一：

司机甲搭载一名乘客，车在一处路口停了下来等绿灯。过了一会儿，绿灯亮了，甲却并没有注意到。乘客见状对甲说道：

“嘿！绿灯亮了！”

甲认为乘客是在埋怨自己的速度太慢，于是瞪了乘客一眼，说道：

“我知道，你催什么催？”

乘客也不甘示弱，回怼了甲一句。双方随即吵了起来。

一句平常的话，有时却能够引发激烈的冲突。

情形二：

司机乙搭载一名乘客，车在一处路口停了下来等绿灯。过了一会儿，绿灯亮了，但乙同样没有注意到。乘客见状对乙说道：

“嘿！绿灯亮了！”

乙认为乘客是在提醒自己不要违反交通规则，于是赶忙说道：

“谢谢你的提醒，我真的没有注意到。”

乘客也客气了几句，双方始终沟通融洽。

下面，我们来比较情形一与情形二。

在上面这两种情形中，甲、乙二人均被乘客告知“绿灯亮了”。然而，在字面上完全相同的两句话，却诱发了截然相反的沟通结果。**重要的原因并不在于说话的内容本身，而在于接收者对说话内容的解读。**

情形一与情形二的出现，在很大程度上揭示了个体交际过程的复杂性。简单来说，参与交际的一方对另一方的说话意图进行了错误的理解，从而使得双方的交际过程出现障碍，进而引发了不必要的矛盾与争执。

那么，为何参与交际的一方会对另一方的说话意图出现理解错误呢？

下面，我们就借助**“四耳模型”**来对这一问题进行回答。

“四耳模型”是心理学领域的一种言语交际模型。具体来说，该模型认为，在日常交际过程中，每一句话通常会包含很多的信息。鉴于此，我们往往会使用“四只耳朵”来对言语中的信息进行解读。这“四只耳朵”分别为：

信息耳、关系耳、呼吁耳和自我表达耳。

下面我们通过比较以上两种情形，来对这“四只耳朵”分别进行说明。

在情形一与情形二中，甲、乙二人均被乘客告知：

“嘿！绿灯亮了！”

尽管在字面表述上完全相同，但通过使用不同的“耳朵”，甲、乙二人对这句话进行了不同的解读。

首先是**“信息耳”**。

所谓“信息耳”，是信息接收者对言语所表达的事实内容进行的判断，其本身不带有任何感情色彩。

对于甲、乙二人来说，如果使用“信息耳”来对乙的话进行解读，那么其解读到的均为：

“我应当发动车辆了。”

其次是**“关系耳”**。

所谓“关系耳”，是信息接收者对自己与说话者之间关系的判断，即信息接收者如何看待自己与说话者的关系，并分析说话者想要与自己建立或保持什么样的关系。

在情形一中，甲使用“关系耳”对乘客的话进行了这样的解读：

“我现在是以一种对立的关系与你说话，我是在催促你。”

但在情形二中，乙使用“关系耳”对乘客的话进行了这样的解读：

“我现在是以一种友好的关系与你说话，我是一种好意的提醒。”

再次是**“自我表达耳”**。

所谓“自我表达耳”，是信息接收者对说话者想要传达其自身状态的判断，即信息接收者认为说话者此时在想什么，对于所谈论的事情又持有什么样的观点。

在情形一中，甲使用“自我表达耳”对乘客的话进行了这样的解读：

“我对你很不满意，你耽误了我的时间，你不是个称职的司机。”

但在情形二中，乙使用“自我表达耳”对乘客的话进行了这样的解读：

“我对你很关心，我愿意给你提供帮助。”

最后是**“呼吁耳”**。

所谓“呼吁耳”，是信息接收者对说话者通过言语所施加的影响的判断，即信息接收者认为说话者通过言语想要促使信息接收者去实施什么行为。

在情形一中，甲使用“呼吁耳”对乘客的话进行了这样的解读：

“我希望你快点儿开啊！别慢吞吞的！”

而在情形二中，乙使用“呼吁耳”对乘客的话进行了这样的解读：

“我希望你不要违反交通规则。”

由此看来，我们在理解言语的内容时，并不仅是对言语字面所描述的内容进行解读，还是会同时使用“四只耳朵”进行解读。

心理学认为：

我们不仅会尝试理解言语所包含的事实内容，还会判断自己与说话者之间的关系，以及说话者希望与自己建立什么样的关系。除此之外，我们还会分析说话者对于所谈论的内容持有什么样的观点和看法，以及说话者究竟想让我们去做什么。

下面再举一个例子。

甲是某家公司的一名新员工，某日与自己部门的主管乙发生了口角，进而引发了冲突。

关于冲突发生的原因，乙答道：

“他当时跟我讲，他今年工作太累，压力太大，他想休假。”

这本是一句很平常的话，却成了双方发生口角的导火索。

下面我们通过“四耳理论”来分析一下，这句平常的话为何会成为口角的导火索。

乙使用“信息耳”对甲的话进行解读：

“我现在很累。”

乙使用“关系耳”对甲的话进行解读：

“我现在与你是对立的关系，我是在质问和埋怨你。”

乙使用“自我表达耳”对甲的话进行解读：

“我对你很不满意，你一直把繁重的活儿都安排给我去做，这对我不公平。”

乙使用“呼吁耳”对甲的话进行解读：

“我希望你能认识到自己的错误，对待我跟其他同事一视同仁。”

第五章

案件百态：测谎之见闻

说谎与抓谎之间的关系，就像是一场“猫鼠游戏”。

双相情感障碍：坐在秋千上的人

作为测谎师，应当熟悉精神病学的相关知识。这并不是说，测谎师需要对该领域的疾病做出准确的诊断，而是要求测谎师了解精神疾病的相关症状，从而对测谎对象的适宜性做出准确评估。

某日，甲（男）邀请同事乙、丙到自己的别墅聚会，丙一并带来了自己的朋友丁（女）。由于甲的别墅所处位置十分偏僻，因此几人决定在甲的家中住宿一晚，第二天再行离开。

第二天，在离开了甲的住处之后，丁报警称遭到了甲的强奸。

按照丁的叙述，到了后半夜，甲借着酒劲儿偷偷进了丁的房间，将丁按在床上，强行与丁发生了关系。

甲到案后辩称，后半夜时，自己从屋内走出来上厕所，回屋途中路过丁的房间，看到丁站在房间门口。甲走了过去，丁主动伸出手把甲拉进了自己的房间，二人随即在屋内发生了关系。

甲进一步辩称，自己并未强行与丁发生关系，如果丁在当时真的遭受了非法侵害，那么完全可以通过大声叫喊的方式来引起房内其他几人的注意。

为了帮助判断甲是否对丁实施了非法侵害，案件承办人将本案委托到了测谎实验室。

这是一起并不复杂的测谎案件，但本案中的被害人丁其实患有一种精神疾病——**双相情感障碍**。

双相情感障碍是一种心境障碍，又被称为“躁郁症”，患者在病发时的情绪会出现间歇性的高低起伏，即躁狂与抑郁交替出现。

正因如此，双相情感障碍的患者也被形象地比喻为“坐在秋千上的人”，因为他们的情绪可能上一秒还在低落，下一秒就会变得高涨。

在躁狂发作时，双相情感障碍的患者会表现出“三高”行为症状，即“情绪高涨、思维奔逸和意志行为增强”。具体来说，患者在心境方面会出现心境高涨，表现为自我感觉良好，待人热情，兴高采烈，具有一定的感染力；在思维方面会出现思维奔逸，表现为言语增多，语速增快，滔滔不绝，感到言语跟不上思维的速度，出现音联意联；在意志活动方面会出现意志活动增多，表现为精力旺盛，动作迅速，不知疲倦。

而在抑郁发作时，双相情感障碍的患者又会表现出“三低”症状，即“情绪低落、思维迟缓和意志行为减退”。具体来说，患者在心境方面会出现情绪低落，表现为愁眉苦脸，闷闷不乐，感到悲观绝望，体验到无价值感；在思维方面会出现思维迟缓，表现为言语减少，语速变慢，甚至无法进行正常的言语交流；在意志活动方面会出现意志活动减退，表现为生活被动、懒散，不想做事情，回避社交，日常生活需要人照料。

鉴于双相情感障碍会对个体的认知、情感、意志活动等方面造成不同程度的损害和影响，因此在测谎实践之中，测谎师会避免对患有双相情感障碍的被测人进行测谎，以防止测谎结果出现偏差。

反常表述：“我刚才说的，是真话吗？”

一起纵火案，案发时间为凌晨五点多，被害人堆放在村里的货物被人引燃。

办案人员调取了案发时间段现场周边的几处监控录像。结合这几处监控录像的内容，初步判定与被害人同村的甲具有重大嫌疑。

但甲到案后始终对纵火一事予以否认。办案人员进一步询问甲在案发时间段具体在做什么，甲表示，自己平日都是睡到中午十二点左右才起床，所以在案发的具体时间段，自己跟往常一样在家中睡觉。

为了帮助判断甲是不是这起纵火案的作案人，案件承办人委托测谎师对甲进行测谎。

事实上，被测人甲就是这起纵火案的实施者。因为与被害人存在积怨，被测人甲于案发当日清晨持易燃物偷偷来到被害人存放货物处，并进行了引燃。

面对测谎师之初，被测人甲表现出了十足的积极主动。在测谎师告知要对其进行测谎，并针对测谎的具体原理与程序进行介绍时，被测人甲一再表示，自己对于今天的测谎期盼已久，因为今天的测谎一定能够证明自己的清白。

然而，随着正式测谎的进行，被测人慢慢变得紧张起来。

针对案发的具体时间、货物的存放位置、货物被引燃的具体位置、引燃物的来源、引燃物的包装、引燃物的种类、被测人在案发时所处的具体位置等内容，测谎师分别编制了数套测谎题目，借助不同的测谎范式对该名被测人进行测试。

测谎结果最终明确，被测人就是这起纵火案的实施者。

测谎结束后，被测人甲一脸沮丧地坐在测谎椅上。半晌，被测人试探性地问测谎师：

“我刚才说的……是真话吗？”

很快，被测人意识到了自己话中的不妥之处，因为诚实者通常不会询问这样的问题。

于是被测人紧接着说道：

“我觉得我说的……应该是真的。”

但被测人很快又意识到自己话中的不妥之处，因为这句话中的“我觉得”和“应该是”，似乎透露出被测人本人对于自己陈述的真实性也并没有把握。

被测人赶忙补充道：

“是真的，是真的……”

这一连串的表述太过反常，被测人沮丧地低下了头。

“不做亏心事，不怕鬼叫门”，是测谎实践中测谎师常常向被测人提及的一句话，其含义实际就是“做贼心虚”。“做贼心虚”，就是指一个人在实施了违法的、不道德的行为之后，内心会感觉到一种强烈的不踏实。如果说在日常生活之中，说谎或许只是一种不道德的行为，那么在司法情境中，说谎就不仅是不道德，而且更可能是一种违法犯罪的行为。鉴于此，司法情境中的说谎者在编造谎言的过程中，会感受到更为强烈的“心虚”与“不踏实”。

正如上例中被测人一连串的反常表现，在某种程度上即说谎者“心虚”的一种表现。说谎者的“心虚”诱发了说谎者在言语与行为方面的异常表现，进而暴露出谎言的破绽。

再举一个例子。

甲是一名菜场小贩，在平日卖菜的过程中使用假币来骗取买菜顾客的钱款。某日，乙到甲的摊位前买菜，在乙付款的过程中，甲故伎重施，通过调包的方式将乙的一百元真币换成了假币。但乙识破了甲的伎俩，于是抓住甲不放，要求甲把一百元真币还给自己。甲见状坚持不承认自己使用假币，双方随即发生冲突。

在接受问话的过程中，甲坚称自己从未使用过假币，也没有对乙的一百元真币进行过调包。自己当时与乙发生冲突，是因为乙无理取闹，而自己不想跟乙一般见识。

为了帮助进一步判断甲辩解的真实性，案件承办人委托测谎师对甲进行测谎。

在正式测谎开始之前，测谎师按照程序告知被测人甲对其进行测谎的原因，并向被测人介绍了测谎的基本原理与具体流程。

测谎师说道：

“如果你对我做到实话实说，那么你不需要有任何紧张与顾虑，你一定能顺利通过今天的测谎。”

被测人愣了一下，说道：

“如果说了假话，是不是……”

测谎师说道：

“我不希望你说假话。如果你说假话，那么今天的测谎一定会将你的谎言揭露出来。”

被测人眉头紧蹙。

测谎师说道：

“你还有什么顾虑吗？”

被测人看了看桌子上的测谎仪，脱口而出：

"我怕说假话会通不过今天的测谎。"

测谎师说道：

"那么，你为什么要说假话呢？"

被测人一下子反应过来，随即陷入了沉默。

本例中，说谎者的"心虚"同样诱发了说谎者在言语与行为方面的异常表现，进而暴露出了谎言的破绽。

还原冲突过程：6份证言的偏差

在目睹同一起事件发生后，不同当事人所陈述的内容可能会存在不同程度的出入。在测谎实践中，这一情况并不鲜见。

这一部分要举的例子，是笔者曾参与办理的一起测谎案件。为了更好地突出重点，笔者进行了改编与简化。在这个例子中，尽管六名证人目睹了冲突的发生过程，但六份证言存在着不同程度的出入，与事实也存在着不同程度的偏差。

甲与乙因为房屋问题产生了纠纷。某日，甲到乙家中找乙谈事情。甲走进乙家的客厅，发现除了乙之外，家中还有六个人。

这六人中有三名男性和三名女性。三名男性分别是乙的朋友丙、丁、戊，三名女性分别是乙的妻子、丙的妻子与丁的妻子。

甲想要跟乙再谈谈房屋的事情，乙则表示自己不想见到甲，要求甲赶紧离开自己的家。

甲坚持不离开，此时丙走了过来，拽住甲的衣领把甲往门口的方向拽，甲也用手去抓丙的衣服，于是两人纠缠在一起，慢慢移动到了屋外的院子中。

乙、丁、戊三人随即走出屋子，来到院中。乙的妻子、丙的妻子与丁的妻子则走进了东侧的卧室。通过东侧卧室的窗户，可以清楚地看到院内发生的事情。

之后，甲、丙二人在院子中发生了激烈的冲突。关于冲突当时的具体情形，以下是六名证人提供的部分证言。

第一名证人：乙

事发当时，乙与戊一起对甲、丙二人进行劝阻和拉架。

“他们两个就相互这么拽着对方的衣服，慢慢到了院子靠南的位置。丙的脾气很大，毕竟这是在我家，我怕他把事情整大了，所以就赶紧走出屋，跟到院子里。”

“来到院子之后，甲伸手想要去打丙的头，但是没有打到。丙用胳膊朝甲的肩膀一推，甲就一屁股坐到地上了。甲马上就又站了起来，拽住丙的衣服继续跟他纠缠。这个时候我和戊两个人就赶过去拉架，站在他俩身边不让他俩继续打。”

“在甲后方的墙边放着一把平时扫地用的笤帚，甲几次想打丙都没打到，于是甲转身到墙边拿起这把笤帚，举起笤帚又要去打丙。但是丙体格比甲强太多，甲拿笤帚打了几下都被丙躲开了。丙对甲说，‘你找死啊’，但是甲还是拿着笤帚继续打。丙于是朝甲的胸前用力推了一把，甲身子往后一仰，就倒在了地上。当时，我和戊都站在甲的旁边，甲突然后仰的时候撞到了我俩。我俩没有防备，被甲撞了一下，再加上脚边的几个石凳挡住了空间，所以身体失去了平衡，也都跟着摔在了地上。”

“我们三个慢慢从地上爬了起来。这个时候甲可能也觉得自己在丙这里占不到什么便宜，所以也就没再继续跟丙动手，而是站在那里自己嘀咕着什么。没过几分钟警察就来了。”

……

应当说，乙提供的这份证言基本如实准确地还原了冲突发生当时的具体情形。

第二名证人：乙的妻子

事发当时，乙的妻子在卧室中通过窗户看到院子中发生的情形。

“当时他们几个人从屋子里出去了，我没跟出去，就进了东侧的卧室。通过卧室的窗户，我看到甲、丙二人互相拉扯着就到院子里了。乙和丁两个人就过去拉架，突然甲跳起来用力朝丙打了一拳，没打中丙。丙伸出胳膊推了甲一下，甲身子往后一仰就摔地上了，乙和丁两个人也被他带倒了，一块儿摔倒在地上了。甲从地上爬起来，转身去墙角拿了一把笤帚，回过头来拿着棍子嚷嚷些什么。然后警察就来了，是乙之前报的警。”

来分析一下乙的妻子提供的证言中所存在的事实偏差。

首先，是**参与劝架的具体案件当事人**。

事实是，甲、丙二人在院中发生肢体冲突，乙与戊上前进行拉架。但在乙的妻子的证言中，其将劝架的人错误表述为乙与丁。事实上，丁在事发当时站在屋门口旁观，并未上前进行劝阻与拉架。

其次，是**冲突行为的出现顺序**。

事实是，丙从墙角拿起一把笤帚试图打丙，但被丙一推之下摔倒在地。甲从地上爬起之后未再与丙发生肢体冲突，一直到警察到达现场。换句话说，这几个动作的顺序是：甲从墙角拿笤帚—甲用笤帚打丙—甲摔倒在地—乙与丁摔倒在地—肢体冲突结束—甲起身后朝丙叫骂—警察赶到现场。但在乙的妻子的证言中，几个行为的顺序发生了重大变化，甲从墙角拿起笤帚的行为被后置，几个动作的顺序变成了：甲摔倒在地—乙与戊摔倒在地—肢体冲突结束—甲起身后从墙角拿笤帚—甲朝丙叫骂—警察赶到现场。

第三名证人：丙的妻子

事发当时，丙的妻子在卧室中通过窗户看到院子中发生的情形。

> “当时甲与丙两个人争执在了一起，相互拽着对方的衣服出了屋。他俩慢慢移动到院子里。后来甲、乙、丙、戊四个人就在院子里纠缠在一起。突然，甲往后一仰，四个人一下子全都摔倒在了地上。四个人从地上爬了起来，就没再动手，之后警察就来了。”

来分析一下丙的妻子提供的证言中所存在的事实偏差。

首先，是**在现场倒地的具体人数**。

事实是，在冲突过程中，甲、乙、戊三人摔倒在地，丙并未倒地。但在丙的妻子提供的证言中，其却称在院子中的四人全部摔倒在地。

其次，是**具体情节的遗漏**。

事实是，甲从墙角处拿起一把笤帚，并试图用这把笤帚打丙。但在丙的妻子提供的证言中，这一部分情节并未被提及，丙的妻子仅仅表示四个人纠缠在一起，然后全部摔倒在地。

第四名证人：丁

事发当时，丁站在房屋门口目击了院子中发生的情形。

> “我看到甲、丙二人互相拉拽着出了屋，我就让我妻子去了里屋，然后我拿手机报了警。报完警之后，我走到屋门口，看到甲、丙二人正在院子靠南的位置相互拉扯着。两人没有用拳头打对方，就是来回地拉拽，乙、戊二人在一旁喊着让他们住手。然后甲转身从墙角拿了一把笤帚要打丙，丙朝甲用力推了一把，甲一屁股就坐在了地上。乙和戊当时站在甲的身后，也跟着摔在了地上。甲坐在地上之后，手里的笤帚也脱了手，掉在了地上。”

来分析一下丁提供的证言中所存在的事实偏差。

首先，是**甲持笤帚打丙的具体情形**。

事实是，甲在持笤帚试图打丙时，被丙一把夺过手中的笤帚，并被丙用另一只手顺势一推，摔倒在地。但在丁提供的证言中，这把笤帚始终在甲的手中，直到甲摔倒在地之后，笤帚才从甲手中掉落到附近的地面上。

其次，是**甲倒地时的具体姿势**。

事实是，甲被丙用力一推，仰面摔倒在地。但在丁提供的证言中，甲并未“仰面摔倒在地”，而是“一屁股坐在了地上”。

第五名证人：丁的妻子

事发当时，丁的妻子在卧室中通过窗户看到院子中发生的情形。

“甲和丙相互薅着对方的衣领子就从屋里出去了，我丈夫（丁）看了我一眼，让我进里屋待着。我于是就拉着丙的妻子一起进了卧室。刚开始我在跟丙的妻子说话，后来听到院子里争吵的声音越来越大，我就透过窗户往外看院子里的情况。我正好看到丙朝甲前胸的位置猛推了一把，甲就仰面摔倒在了地上。当时在场的应该有三四个人，倒地的只有甲一个人，其他人都站着。甲摔倒时手里应该没有拿东西，丙手里拿没拿东西我没有注意。”

在丁的妻子提供的证言中，存在一处明显的事实偏差，即事发当时，甲、乙、丁三人均摔倒在地，但在丁的妻子提供的证言中，明确表示只有甲一人摔倒在地，其他人均未摔倒在地。

第六名证人：戊

事发当时，戊与乙一起对甲、丙二人进行劝阻和拉架。

“我和乙马上就跟到了院子里，甲、丙二人还在那里互相拉拽着。甲想用拳头打丙，打了几下没打到，甲脚旁边的地上扔着一把笤帚，甲就从地上拿起了这把笤帚要继续去打丙。这时乙就站在丙身前拦着丙，我就站在甲身后拦着他。甲举起笤帚要打丙的时候用力过猛，身子一晃失去了平衡，就往后倒。我身边是几个石头凳子，被甲这一撞，没有落脚的地方，就跟着他摔倒了。其他人还有谁摔倒了我不知道，这一下把我的脑袋摔得有点懵。”

来分析一下戊提供的证言中所存在的事实偏差。

首先，是**甲倒地的具体原因**。

事实是，丙朝甲的前胸用力一推造成了甲摔倒在地。但在戊提供的证言中，甲是因为用力过猛失去平衡才摔倒在地，而并非被丙推倒在地。

其次，是**放置笤帚的具体位置**。

事实是，甲转身走到墙角处拿起一把笤帚，并试图用这把笤帚打丙。但在戊提供的证言中，这把笤帚是被扔在甲的脚边，而甲是从地上拿起的这把笤帚。

以上，是本案中六名证人的六份证言。

值得注意的一点是：

在本例中，甲实际在院中曾有过两次倒地，但在这六名证人中，除了乙之外，其他五人的证言中均未提及甲在院中第一次倒地的具体情形。

初次面询：无准备的谎言

说谎心理学认为：

受谎言的不同性质、说谎者的不同特质、抓谎者的不同条件等因素影响，谎言识别存在不同的难度和成功率。

美国说谎心理学家艾克曼教授在总结研究成果的基础上，提出了38个“估谎要点”，用于评估借助测谎仪或行为线索进行抓谎的机会大小。这38个估谎要点又进一步被细分为三类，分别是“有关谎言的问题”（18个要点）、“有关说谎者的问题”（11个要点）和“有关抓谎者的问题”（9个要点）。而在这38个“估谎要点”中，排在第一的要点为：

说谎者是否预料到自己将要说谎？

如果说谎者预料到自己将要说谎，那么其很可能会对谎言进行事先的准备或练习；相反，如果说谎者并未预料到自己将要说谎，那么谎言的编造与陈述可能更多地依赖于说谎者的“临场应变”。所以，这一要点也可以被理解为：

说谎者是否对自己的谎言做过准备和练习？

具体到这一要点，如果说谎者没有对自己的谎言做过准备和练习，那么此时的谎言即为“无准备的谎言”，抓谎将变得相对容易。

事实上，司法领域中的许多审讯与测谎专家均十分强调**“初次面询”**在识别谎言中的重要性，原因也正在于此。对于“无准备的谎言”来说，抓谎者即使不借助专业的测谎技巧，仅仅依靠日常的生活经验也可以顺利地进行抓谎。此时的说谎者往往会自发地暴露出大量明显的说谎破绽。

举个例子。

小男孩甲溜进父母的卧室，打算偷偷拿走一些钱。甲在一个抽屉里发现了一些现金，小心翼翼地从里面抽出了几张钱，他轻轻地关上抽屉，然后站起身蹑手蹑脚地往屋外走去。

正在此时，母亲毫无预兆地出现在了卧室门口，问甲：

"你来卧室干什么？"

甲支支吾吾地说道：

"我……我……"

甲一边说着，一边不自觉地把握着钱的右手背到了身后。

母亲接着问道：

"你是不是想偷钱又去网吧？"

甲没有说话，只是摇了摇头。

母亲又问道：

"那你进卧室做什么？"

甲依然沉默，然后挤出了一句：

"没……没做什么。"

在这个例子中，甲的谎言就是一个典型的"无准备的谎言"。一个重要的特征在于，甲在进入卧室偷钱之前，并未"提前预料"

到自己会被母亲当场发现。鉴于甲并未预料到自己会对母亲说谎，也因而没有为说谎做过任何准备和练习。于是在回答母亲的问题时，甲只能仓促地组织谎言。鉴于此，甲在说谎的过程中自发地暴露出大量明显的说谎破绽，也就不足为怪了。

而对于甲的母亲来说，在对甲的谎言进行识别的过程中，其根本不需要任何谎言识别技巧，就能够轻易地发现甲在说谎。简言之，此时的抓谎是一件相对容易的事情。

再举一个例子。

乙报案称，一个月前，甲撺掇自己与他合伙做生意，乙禁不住甲的一番劝说，与甲签订了合同，约定了分成比例，并交给了甲一笔钱款用于货物的采购。

一个月后的一天，乙突然接到甲的电话。甲在电话中称，他们采购的一大批货物在运输途中发生了严重的交通事故，货物全部损毁，导致他们这次血本无归，乙的那笔钱也打了水漂。乙对此将信将疑，于是反复向甲索要相关负责人和保险公司的信息，但甲始终以各种理由进行搪塞。

最后，乙选择了报警，办案人员很快将甲抓获归案。

来看对甲的第一次问话。

问：你跟乙提过，要跟他合伙做生意吗？

甲：（深吸一口气）他一个人带个孩子，我当时想着就是那个什么，工地上……呃那个（表述混乱，意思不清）……

问：你跟他签过一份合同吗？

甲：签过合同吗……合同……我平时不跟人家签合同……

问：你有拿过他的钱吗？

甲：这个……没有（摇头）。

……

本例就是一个较为典型的“无准备的谎言”。一个重要的原因在于，本案中的说谎者甲根本没有预料到乙会选择报案。乙报案的这一做法，实际上大大出乎了甲的预料。甲原本以为，依照乙的性格，最后一定会吃下这个“哑巴亏”，而不会选择报案。鉴于此，甲在接受办案人员的问话之前，根本就没有预料到自己要对办案人员说谎，也没有考虑过如果自己的罪行被发现，应当如何来编造谎言以逃脱惩罚。

甲的这段谎言可谓漏洞百出，在表述上出现了严重的混乱，甚至在许多关键问题上出现了语无伦次。此时对于甲的谎言识别，应当是相对容易的。

与之相反，如果说谎者预料到自己将要进行说谎，并对自己的谎言做过相应的准备和练习，那么此时的谎言就变成了“有准备的谎言”，抓谎将变得相对困难。

举个例子。

某小区发生失窃，小区内的一处监控摄像头意外拍摄到了作案人在盗窃得手后离开小区的过程。办案人员依据监控录像内容迅速展开调查，并顺利抓获了犯罪嫌疑人。

来看下面这段对话。

问：你那天去过某某小区吗？

甲：去过。

问：什么时间？

甲：上午十点多吧。

问：为什么去某某小区？

甲：我是开黑车的，那天早晨九点左右，有个女的给我打电话，说让我帮她拉点东西，地点就在某某小区。我就说车费二百元，她也答应了。上午十点左右，我就开车去了某某小区。到了某某小区，我给她电话，她说她在小区北门左手边的那幢楼，有件行李比较沉，想麻烦我上楼去帮她搬一下。于是我上了楼，帮她把一个大包裹搬了下来。然后我就开车拉她到了另一个地方，具体是哪儿我也忘了，当时有两个男的在那里等她，她就下了车，把行李搬了下来，然后我也开车离开了。我不认识她，联系方式的话，现在也找不到了。

本例就是一个较为典型的“有准备的谎言”。在本例中，甲就是真正的作案人，在实施入室盗窃之后，甲意识到小区内的一处监控录像很可能拍摄到了他背着赃物离开小区的过程。于是，在经过思考之后，甲对谎言进行了认真的准备和练习，编造出自己帮一个陌生女人搬行李的情节，从而为自己出现在案发现场提供一个合理的解释，并企图混淆侦查视线，将办案人员的注意力转移到那个并不存在的陌生女人身上。

鉴于此，在甲编造谎言的过程中，并未如“无准备的谎言”那样自发地暴露出大量的说谎破绽，此时谎言识别的难度增大。

事实上，在“有准备的谎言”的基础上，有的谎言还可能演变成为“有反馈的谎言”。这类谎言具体是指，说谎者已经在不同情境中多次向不同的欺骗对象陈述某一谎言。在面对不同欺骗对象进行多次编造的过程中，说谎者不仅对谎言本身进行了充分的“准备”与“练习”，更重要的是在与不同欺骗对象的互动过程中得到了大量的“反馈”信息。这些“反馈”信息可能会涉及谎言本身是否存在疏漏之处，欺骗对象可能会产生怎样的怀疑，以及欺骗对象在互动过程中会提出怎样的问题。在此基础上，说谎者会依据所获得的“反馈”信息，有针对性地对谎言的内容与自身的各方面表现等进行进一步的修正和完善。

这一点，在许多“职业骗子”身上体现得尤为明显。

举个例子。

甲冒充房子的主人与乙签订购房合同，并向乙编造了自己卖房子的具体原因。在双方订立合同的过程中，乙向甲提出了一系列的问题，甲均进行了十分合理的回答。尽管甲所说的一切都是谎话，但乙并没有对甲产生丝毫的怀疑。其中一个重要的原因就在于，甲本身即为一名“职业骗子”，在对乙实施本次诈骗之前，已经多次在不同场合以同样的手法对多名受害者实施了诈骗。通过每次说谎所获得的“反馈”信息，甲在对谎言内容进行反复练习的同时，也在不断对谎言中存在的疏漏与破绽进行反复修正，此时对甲的谎言进行识别的难度会更高。

在这里需要强调一点：对于“有反馈的谎言”来说，说谎者通过“反馈”信息不断修正谎言内容与自身表现，固然是造成这类谎言识别困难的一个重要原因。但除此之外，在多次编造谎言并接收“反馈”信息的过程中，说谎者被诱发各种情绪的强度也在不断减弱，这也在很大程度上提高了识别谎言的难度。

比如，在《说谎：揭穿商业、政治与婚姻中的骗局》一书中，艾克曼教授提出了这样一个观点，即**“法庭不利于谎言的辨识”**。艾克曼教授提出了五点原因，其中的第一点原因如下：

> 在接受陪审团和法官的鉴别之前，嫌疑人拥有很多机会可以对说辞进行准备和演练，其中自然也包括“谎言”。这种对“谎言”的准备和反复演练，既增强了说谎者的信心，也减弱了担心谎言被识破的恐惧感。

说谎动机：反常的虚构情节

笔者曾看到过这样一起案件的报道。某日，一名男子携带两个纸箱来到火车站的候车大厅。该男子先后将两个纸箱放到了安检仪的传送带上，但当两个纸箱缓缓通过安检仪时，经验丰富的安检人员通过X光机呈现的影像发觉纸箱里的东西有些古怪。

于是，安检人员走上前向该名男子询问，纸箱里装的东西究竟是什么，并提出开箱查看。

面对安检人员的询问，该男子答道，纸箱里面装的是一些肉。同时，该男子表示，自己着急要去售票大厅买票，两个纸箱暂放在此处，自己马上就回来。

说完，该男子神情自若地离开了候车大厅。

一段时间过去了，该名男子始终没有回来。安检人员随即报警。

警察到达现场后，安检人员向警察描述了自己的怀疑。警察当机立断，决定打开这两个纸箱一探究竟。

两个神秘纸箱被打开的瞬间，在场的所有人不禁大惊失色，因为两个纸箱中所装的，竟然是一具残缺的尸体。

看来，该名男子很可能是到火车站抛尸。

一个重要的问题随即出现：

该名男子为何要选择到火车站抛尸？

办案人员尝试对该名男子反常抛尸的犯罪行为动机进行分析，

却也感到有些费解。毕竟，在旁观者看来，该男子这一反常的抛尸行为无异于自投罗网。具体来说，既然该男子明知两个纸箱内被自己装进了一具尸体，那么他自然也能够预见到，当两个纸箱通过安检仪时，安检人员必然会在第一时间发现影像的古怪，并提出开箱检查。那么，纸箱中的尸体必然会被当场发现，自己的犯罪行为也会全盘暴露。该男子放弃了其他可能的抛尸方式，而单单选择在大庭广众之下实施抛尸，不由得让人怀疑，该男子的这一反常抛尸行为是否存在其他目的。

更为反常的一点在于，火车站的监控录像显示，该男子放下纸箱后走出候车大厅，随后走进售票大厅购买车票。整个过程中，该男子始终表现得十分冷静，没有流露出一丝慌乱。一边是纸箱中的尸体即将被发现，罪行即将暴露，另一边则是泰然自若地查询、买票，难道该名男子确实拥有异于常人的心理素质？

这确实有悖常理，但真相令人大跌眼镜。

最终，经过办案人员的努力，该名男子，也就是本案的作案人被成功抓获归案。

该名男子到案后供述，自己已经有许多年没有坐过火车。多年以前该男子乘坐火车时，还没有现在的相关安检设备。鉴于此，该名男子对于这些安检设备的功能也根本不清楚。

换句话说，该名男子之所以会携带两个装有尸体的纸箱自投罗网，竟然是因为他根本不知道，安检仪竟然能够把纸箱内的古怪看得清清楚楚。

下面回到测谎实践中。

动机是激发和维持个体行为的内部驱力。犯罪行为的背后具有相应的犯罪动机，说谎行为的背后也具有相应的说谎动机。在一些特殊的情境之中，被测人选择说谎的动机确实会有悖常理，说谎的原因也往往令人大跌眼镜。

举个例子。

丙报案称，自己与甲、乙二人同住在一间临时宿舍。案发当晚，甲、乙二人在宿舍内无故对自己实施殴打。在将丙打翻在地后，甲、乙二人又从丙的枕头中抢走了两千元现金。随后，甲、乙二人携带这两千元钱离开了宿舍。

办案人员先后将甲、乙二人抓获归案。然而，甲、乙二人到案后，却对当时的情形给出了与丙不同的说法。

甲、乙二人供述，二人与丙同住在一间临时宿舍。案发当晚，时间接近十点钟，甲、乙二人准备睡觉，但丙的手机播放音乐的声音很大，使得二人根本无法入睡。甲、乙二人要求丙将手机音量调小，但丙并不理睬，冲突随即爆发。甲、乙二人均承认，案发当时两人确实对丙实施了殴打。但二人同时均坚称，他们不知道什么两千元钱，更没有拿走丙的两千元钱。

甲、乙二人一再表示，二人当时只是出于气愤才对丙实施了殴打，根本与钱没有任何关系。两千块钱的事情完全是丙虚构出来的，因为丙挨了他们一顿揍，心里有气，于是就想借此报复他们二人。

在接受讯问的过程中，甲、乙二人分别主动叙述了这样一个重要情节。

“当时，我俩就开始揍他（丙）。过了一会儿，我俩就摁住他，把他摁在了地上。他突然说，别打了别打了，我给你们钱。他指了指他床头附近的一个柜子，对我俩说，我柜子里有两万块钱，都给你们。我俩当时就说，要什么钱？我俩就是看你不顺眼，就是要揍你！说完我俩就继续揍他。”

针对这一情节，丙坚决予以否认。丙表示，自己从未说过这样的话，自己的柜子里也根本没有两万块钱。

那么，关于这两万元钱的情节，究竟是甲、乙二人虚构而来，还是确实存在？

如果这一情节真的是甲、乙二人虚构而来的，那么二人为何要虚构出这一情节？

首先，具体到本案中，甲、乙二人共同参与实施了犯罪。与单人编造谎言使用“单独谎言剧本”相比，多人编造谎言使用“共同谎言剧本”显然难度更大，也往往更容易暴露出明显的破绽。

其次，如果甲、乙二人对这段情节的描述为假，那么二人所编造的这段虚假情节实际上就属于“虚构式谎言”。与其他类型的谎言相比，“虚构式谎言”一方面需要说谎者承担更大的认知负荷，占用更多的认知资源，另一方面也将不可避免地延展出更多的衍生细节，从而使说谎者疲于应付，最终导致谎言不攻自破。并且，具体到本案中，甲、乙二人的认知水平均相对较低，如果编造这样的“虚构式谎言”，无疑将面临更大的困难。

最后，更为重要的一点在于，如果事实是甲、乙二人确实从丙的行李中拿走了两千元钱，那么对于甲、乙二人而言，一种更好的选择，应当是完全不去提及这段“丙主动提出给钱”的虚假情节。

毕竟，“殴打”与“抢钱”是两个并无必然联系的行为。如果甲、乙二人试图掩盖和否认自己所实施的“抢钱”行为，那么二人完全可以自始至终不去提及任何与“抢钱”相关的任何情节，或是对所有与“抢钱”相关的情节均谎称不知情。而具体到本案中，甲、乙二人通过主动描述这段“丙主动提出给钱”的具体情节，反而将自身与“抢钱”行为进一步拉近，使得自身嫌疑陡增，可谓弄巧成拙。

那么，究竟是甲、乙二人企图逃脱法律惩罚，还是丙企图进行诬陷报复？

对于“丙主动提出给钱”这一情节是否真实存在，测谎师在对甲、乙、丙三人分别进行正式测谎的过程中，进行了有针对性的测试。针对这一问题的测谎结果显示，甲、乙二人所说为假，丙所说为真。

换句话说，这段情节确实是甲、乙二人虚构编造而来的。

那么，为何甲、乙二人会选择编造这样一套反常的虚假情节呢？他们的说谎动机又是什么？

直到测谎结束，其中一名嫌疑人才支支吾吾地讲出了其中的缘由。

“……我们当时想，如果我们说连两万块钱都不要，那么警察就会相信我们更不可能去拿那两千块钱，我们就会没事了。”

借助“行为”：欺骗何以得逞

甲假冒某单位的工作人员，对被害人实施诈骗，并成功骗取了被害人的大量钱财。

在整个诈骗过程中，被害人始终对甲的身份深信不疑。而这一切，只是因为甲的一个小伎俩。

作为一名行骗经验丰富的“老手”，甲深谙欺骗的形式并不局限于“言语”。于是，每次在与被害人碰面时，甲总是将碰面的地点选定在该单位附近。更重要的一点是，甲总是会当着被害人的面，与单位门口的安保人员攀谈聊天。

站在被害人的角度来看，甲与单位的安保人员如此熟识，自然表明甲是该单位的工作人员；甲选择的碰面地点均在该单位附近，自然表明甲平日是在该单位上班。而事实上，甲与单位的安保人员先前并不认识，甲也根本不是该单位的工作人员。

欺骗，通常情况下是由个体借助“言语”对他人实施。但事实上，对他人进行欺骗的方式并不局限于“言语”。有时，借助一些有意的、特殊的行为，同样可以成功地对他人实施欺骗。如在上例中，甲即借助“行为”，使被害人对自己的虚假身份深信不疑，引导被害人对事实进行了错误的判断。

泰德·邦迪是二十世纪七十年代美国的连环杀手。他通过开车搭载过路女孩的方式，对多名女孩实施杀害。这名连环杀手落网后，有一个问题让人们感到困惑，那就是：

这名连环杀手究竟用了什么方法，让那些被害女孩能够放心地搭乘他这个陌生男人的车？

方法其实很简单。具体来说，每当有路过的女孩提出想要搭乘邦迪的汽车时，邦迪并不会立即答应女孩的要求。相反，他会先抬起手腕，看一看手表上的时间。

事实上，被害女孩在提出搭乘邦迪的汽车时，内心同样存在着高度的戒备。但邦迪通过这样一个简单的抬手腕看表的动作，使被害女孩对事实产生了错误的判断，认为这名陌生男子还有其他重要的安排，还有其他的事情要去做。

站在被害女孩的角度来看，既然这名陌生男子还有其他重要的事情要去做，那么自然不会是一个专程等候在这里伺机对自己下手的冷血杀手。于是，在邦迪碍于被害女孩的苦苦哀求而勉强同意载她一程时，被害女孩也终于放下了最后的戒备。

当汽车行驶到偏僻处后，邦迪才露出真面目，对女孩进行残忍的杀害。

邦迪并没有用“言语”的方式告诉被害女孩：“我不会伤害你，请放心坐我的车。”相反，通过一个简单的“行为”，邦迪完成了比“言语”更为有效的欺骗。

那么，为何借助“行为”所实施的欺骗能够得逞？“行为”又是如何影响我们对事实的判断的？

心理学认为，在漫长的进化过程中，人类出于社交的目的而进化出了这样一种强大的认知倾向，即总是会对他人的心理状态进行推断和预测。列纳德·蒙洛迪诺在《潜意识：控制你行为的秘密》一书中，有过这样一段论述：

> 当提到人类与猫、狗甚至猴之间的区别时，我们通常想到的是智商。但是，如果智力真的是为社交目的进化而来的，那么它应该被称为社交智商——而这种社交智商，正是将人类与动物划分为不同生物的主要特质之一。具体来说，让人类在动物界中变得独特的是我们的愿望——想要去了解他人想法及感受的愿望，以及我们执行这个愿望的能力。这个理论被称作“心理理论”（ToM）。这种能力赋予了人类非凡的力量——去理解别人过往的行为举止，并且在现有或未来情况中预测他们会做出的举动。虽然在“心理理论”中存在着有意识的、逻辑推断的部分，但是，在我们“理论化”别人的想法及感受时，这个步骤是在潜意识中发生的。

比如，当你看到一名女顾客向面前的一块巧克力蛋糕伸出叉子，却又半途收回时，尽管该顾客并没有通过任何言语向你表达她的内心活动，但你会不由自主地想到她伸出叉子是想要品尝蛋糕，收回叉子则是因为她想起自己正在减肥，并且据此判断：此刻她的内心应当是非常矛盾和挣扎的。

再如，当你在早高峰时段看到一名男乘客跑得气喘吁吁，却依然没能赶上公交车时，尽管该名男乘客并没有通过任何言语向你表达他内心的感受，但你会不由自主地想：此刻该名男乘客心一定充满了沮丧和懊恼。

以上两个例子，一方面表明了这种**“不由自主地对他人的心理状态进行推断和预测”**的认知倾向是多么强大。但另一方面这种强大的认知倾向也可能被别有用心的不法分子利用，通过精心设计的“行为”来误导我们对其心理状态做出错误的推断和预测，进而对我们实施欺骗。

“行为者—观察者”偏见：38名旁观者

1964年的一天凌晨，基蒂·吉诺维斯从酒吧下班后返回居住的公寓。她把车停到公寓附近的停车场，然后下车朝着公寓的方向走了过去。

就在此时，一名持刀的男子突然冲了出来，对吉诺维斯的身体连捅数刀。吉诺维斯遭到了突如其来的袭击，于是大声呼救。

呼救声引起了一名邻居的注意，他透过窗户朝持刀男子大喊：“放开那个女孩！”

持刀男子害怕了，转身逃离了现场。

但很快，持刀男子改变了主意，因为他发现，并没有一个人出来进行干预。

于是，持刀男子再次回到现场，继续对吉诺维斯进行伤害。

吉诺维斯大声呼救，呼救声惊醒了邻居，街道两旁的房间纷纷亮起了灯光。持刀男子再次感到了害怕，又一次逃离了现场。

但在逃离现场后，持刀男子发现，四周又重新归于安静，房间里的灯光也纷纷熄灭了。于是，他第三次回到现场，并继续对吉诺维斯进行了残忍的伤害。

最后，终于有人报了警。当警察到达现场时，吉诺维斯已经不幸死亡，而持刀男子也已经不知去向。

这起案件引发了全社会的关注，不仅是因为歹徒的残忍暴行，更重要的是因为本案中歹徒的暴行持续了35分钟。而在这35分钟的时间里，有38名住户目击了这一事件，却眼睁睁地看着吉诺维斯被歹徒残忍伤害致死。事实上，在这38名目击者中，只有一名目击者最终选择了报警。

许多人甚至指出，杀害吉诺维斯的凶手并非只有一个人，那38名见死不救的目击者其实都是“帮凶”。而心理学家也针对“这38名目击者为什么不去对吉诺维斯进行救助”展开了研究，进而掀起了一场关于“责任扩散效应”的讨论。

所谓“责任扩散效应”，是指当发生某种紧急事件时，如果有其他人在场，那么在场者所分担的责任就会减小。并且，在场的人数越多，愿意提供援助的人就会越少。不过，在这一部分，我们并不准备针对“责任扩散效应”进行展开讨论。我们所关注的，是另一个有趣的现象。

在基蒂·吉诺维斯惨案中，目击者曾经表示，事发当时的情形很不明确，所以很难知道应该怎么做。但在公众看来，这38名目击者之所以会出现“见死不救”，是因为他们本身就是一群冷血的人。甚至，有报纸将这种现象称为“路人冷漠症”。

同样的一种行为，目击者与公众却做出了完全不同的归因，由此引出了一个重要的概念：**“行为者—观察者”偏见**。

“行为者—观察者”偏见，是社会判断中一种重要的偏见。这种偏见简单概括如下：

当某一行为出现时，行为者往往将该行为的发生原因归结于情景因素，观察者则往往将该行为的发生原因归结于行为者稳定的个性特征。

比如，在基蒂·吉诺维斯惨案中，38名目击者作为不救助行为的“行为者”，把未对吉诺维斯进行及时施救的原因归结于当时的情景因素，即认为事发时间是在深夜，当时的情形很不明确，他们并不清楚自己应该怎么去做。而公众作为不救助行为的“观察者”，则把未对吉诺维斯进行及时施救的原因归结于这38名目击者冷酷无情。

相关的心理学研究已经证明，“行为者—观察者”偏见的存在具有普遍性。下面，我们再来举几个生活中的例子。

例一

甲、乙二人约好九点在一家咖啡厅见面。甲准时到达，乙却迟到了半个小时。对于乙的迟到行为，乙作为“行为者”将迟到的原因归结为当天路上发生了一起严重交通事故，导致发生了严重的堵车，并且认为自己在正常情况下应当不会出现迟到。而甲作为“观察者”则将乙迟到的原因归结为乙懒散、随意的性格特征，并认为如果以后再次与乙约好见面，那么乙依然会迟到。

例二

甲参加一场短跑比赛，但并没有取得理想的成绩。对于比赛失利，甲作为“行为者”将原因归结为自己的膝盖在比赛前受伤，从而严重影响了自己的正常发挥，并且认为等到膝盖的伤恢复，自己就应当会跑出理想的成绩。而观众乙作为“观察者”则会将甲比赛失利的原因归结为甲本身缺少运动的天赋，不适合从事这项运动。

例三

甲、乙二人参加了一项有关智商的心理测验。测验结果显示，甲的智商得分较低。对于这一结果，甲作为“行为者”将原因归结为题目设置不当以及自己对题目的理解存在偏差；而乙作为“观察者”则将这一结果的原因归结为甲的能力不足，因此无法顺利通过这一测验。

过度补偿：极端化的转变

在逞勇斗狠者中，一些人也有着不为人知的“被欺负”经历。

举个例子。

甲到某商店购物，与店员乙发生了口角。甲当即给了乙一记耳光，并对乙拳打脚踢。见此情形，其他店员迅速报了警。

尽管在周围人看来，甲平日里总是惹是生非、恃强凌弱，但事实上，在相当长的一段时间内，甲却充当着“被欺负者”的角色。

少年时期的甲个头矮小、体型瘦弱，常常成为其他孩子欺负的对象，甚至曾被几个学校里的“坏孩子”当众脱掉了裤子。这些经历给甲留下了极其深刻的印象，使其陷入了深深的自卑，逐渐变得沉默寡言、内向孤僻。

然而，进入高中之后，在青春期的作用下，甲的身体发生了很大的变化，身高猛蹿至一米八，体型也变得十分魁梧，与同龄的孩子相比显得十分不同。伴随着身体上带来的变化，甲的心理也慢慢开始出现转变。甲不再受到其他学生的欺负，但开始主动挑起事端，动辄对其他同学拳脚相向，并开始在学校里拉帮结派，在学校门口拦住低年级的学生索要钱财。

从最初的“被欺负”，到后来的“欺负他人”，在心理学上，甲的这种极端化的转变被称为**“过度补偿”**。

“过度补偿”的概念来自奥地利心理学家阿德勒的“自卑与补偿”理论。阿德勒认为，一方面，我们每个人都会存在不同程度的自卑感，因为人生下来是弱小的、无力的，完全依赖于成人，不可避免地会产生自卑感；另一方面，我们每个人都不能长期忍受自卑之感，所以一定会采取各种行动来解除自己的紧张状态。这种为了克服自卑感而采取的行动就是“补偿”。

换句话说，“补偿”就是指我们个体通过发展一方面的能力去掩盖另一方面能力的不足，从而消除自身的自卑感。

所谓“过度补偿”，则是指个体因在身体方面或心理方面的欠缺而引起的过度的补偿行为。

比如，在上例中，甲的行为就是一种较为典型的“过度补偿”行为。具体来说，甲因为身体上的瘦弱长期遭受他人的欺侮，从而产生了深深的自卑感。随着甲的身体变得强壮，其对这种曾经的“欠缺”进行了过度的“补偿”。甲从以往“被欺负”的角色变得不再受人欺负，但并未止步于此，而是进一步转变为“主动欺负他人”的角色，试图通过这种“过度补偿”的方式来对自身存在的自卑感进行消除。

这种“过度补偿”的例子还有很多。比如，在电视剧《人民的名义》中，办案人员在一名官员家中搜查出一整墙的人民币。在这一名场面中，该名官员哽咽着说道，因为他们家祖祖辈辈穷怕了。从“过度补偿”的角度来看，该名官员由于在成长和生活经历中所体验到对“金钱”的欠缺，从而在手中握有权力之后对这种“金钱”的欠缺进行了过度的“补偿”，通过收取大量的“金钱”来获取内心的满足感与安全感，也因此走上了违法犯罪的道路。

“过度补偿”之所以被称为“过度”，是因为这种“补偿”不仅要达到正常人的水平，还要超过正常人的水平。既然称之为“过度”，那么往往会给人一种“矫枉过正”的感觉，并且笔者在前文所举的几个例子也均是个体在“过度补偿”的影响下做出了违法犯罪的行为。但需要注意的是，“过度补偿”本身并不是一个负面的标签。

在阿德勒看来，每个人都有改进自己现状、追求优越的需要。鉴于此，“过度补偿”本身并没有好与不好之分。事实上，通过“过度补偿”克服缺陷、实现成功的例子，同样比比皆是。

攻击诱发：酒精、高温、武器与匿名状态

甲在上班时间喝酒误事，遭到了老板乙的责备。但甲认为乙是有意偏袒别人，让自己充当“替罪羊”，于是一气之下选择辞职。

辞职之后的甲没了收入来源，生活陷入困境。于是，甲多次到工厂找乙索要之前拖欠的工资，但乙始终以各种理由拒不支付。

某日，甲一个人在家喝闷酒。喝酒过程中联想到自己所受的不公待遇，不禁越想越气。于是，满身酒气的甲来到工厂。

甲在工厂里叫骂，乙闻声从屋里走了出来，看到甲顿时怒火中烧，走到甲面前指着甲的鼻子与之对骂。两人越吵越激烈，甲

抡起旁边的一把铁锹，朝乙砸了过去。乙被甲打倒在地，甲走上前又用铁锹继续朝乙猛砸数下。看到乙满身是血，躺在地上不动了，甲这才清醒过来，把手中的铁锹扔到了一边。

在笔者所办理的测谎案件中，有相当数量的案件当事人在案发当时饮了酒，也有相当数量的被测人在接受测谎的过程中多次感叹“喝酒误事”。事实上，在上面的例子中，甲在某种程度上也正是在酒精的作用下犯下了血案。

不过，需要说明的一点是，尽管甲在酒精的作用下犯下血案，但酒精并非直接增强了甲的攻击性。具体来说，心理学相关实证研究的结果已经表明，酒精更多的是起到“抑制解除”的作用，即在酒精的作用下，个体对于“不当行为”的抑制力出现显著降低，而攻击性行为正是一种典型的“不当行为”。鉴于此，酒精实际是通过降低甲对于攻击性行为的抑制力，而以一种间接的方式诱发了甲的攻击行为。

攻击是人的一种本能。哪些因素能够诱发人的攻击行为，也是心理学家一直以来关心的一个话题。刚才，我们已经针对“酒精”这一因素进行了讨论，下面来讨论在司法实践与测谎实践中，诱发攻击的其他几个重要因素。

诱发攻击的第二个重要因素，是**“武器线索”**。

甲怀疑自己的妻子出轨。为了进一步监视妻子的一举一动，甲在家中安装了摄像头，并且将妻子的社交账号与自己进行绑定，从而对妻子与其他人的聊天信息进行监视。

某晚，甲无意中发现了妻子的新账号。在查看妻子新账号的聊天记录时，甲发现妻子与一名男子沟通频繁。妻子表示，自己只是向那名男子咨询了一些问题，并没有聊过其他事情。但甲怒不可遏，要求妻子马上给那名男子打电话解释二人之间的关系。妻子拒绝了甲的这一要求，于是二人发生了激烈的争吵。

随着争吵越来越激烈，妻子走进卧室开始收拾衣物。甲气急败坏地在客厅来回踱步，突然瞥到了茶几旁边放置的一副平时健身用的哑铃。甲顿时感到气血上涌，拿起哑铃冲进了卧室，照着妻子的后脑勺砸了下去。

犯罪心理学中有这样一句名言：

“手指可以扣动扳机，但扳机同样也可以拉动手指。”

此处所强调的，即“武器线索”的影响力。具体来说，当一些与攻击行为相关的物品出现在场景中时，会极大程度地诱发个体的攻击行为。

从某种程度上来说，“武器线索”有时会成为攻击行为的“导火索”。在上例中，放置在茶几旁边的哑铃作为“武器线索”，就成为甲对妻子实施攻击行为的“导火索”。

心理学家通过“手枪与球拍实验”对“武器线索”的作用进行了研究，下面对这一实验进行简单介绍。

在这项实验中，研究者的助手故意对被试进行激怒。在被试被激怒后，研究者告诉被试，他们现在可以通过电击的方式对助手实施惩罚和报复。

然后，研究者将被试分成两组，分别带到两个房间中。研究者事先在两个房间中分别放置了一件物品。在第一个房间中，研究者放置了一把左轮手枪；在第二个房间中，研究者放置了一副羽毛球拍。

接下来，研究者让被试对助手实施电击报复。研究者会使被试确信，其通过电击确确实实地对助手实施了惩罚，但事实上助手并没有真的遭受到电击。

这一实验的研究结果发现，与房间中放置羽毛球拍的被试相比，房间中放置左轮手枪的被试对助手实施了更多次数的电击报复。攻击性物品的出现增强了被试的侵犯意识，并进而诱发被试表现出了更多的攻击行为。

诱发攻击的第三个重要因素，是**“挫折”**。

甲有一份体面的工作，却整日沉迷于赌博。某日，甲拿着刚刚到手的薪水想到赌桌上去赢些钱，然而没过多久就输光了。甲想要回本，又向其他人借钱继续赌，最后依然输得精光，并欠下了数万元的外债。

甲内心憋闷不已，垂头丧气地回到家。妻子因甲回来得晚，于是埋怨了甲几句。甲当即对妻子破口大骂，并对妻子拳打脚踢。

甲的岳母见状赶忙跑过来劝架。甲用手拽住岳母，用力朝其踹了一脚。甲的岳母重重地撞到墙上，然后慢慢瘫倒在了地上。

“挫折”对于攻击的影响很早就引起了心理学家的兴趣，在此基础上发展出的“挫折—攻击”理论也是最早被用于解释攻击行为成因的心理学理论之一。

挫折，是指由于内部或外部障碍而导致个体欲求得不到满足的状态。早期的“挫折—攻击”理论认为，攻击行为的发生总是以挫折的存在为前提条件。但随着研究的深入，心理学家意识到这一早期的观点有些过于简单，对于一些与攻击行为有关的现象并不能够做出很好的解释。在此基础上，心理学家对“挫折—攻击”理论进行了修正。

修正后的“挫折—攻击”理论认为，挫折本身并不直接导致攻击，它只是为攻击行为的出现创造了一种准备状态。攻击行为是否出现，还会受到外部环境线索、挫折感受强弱、主观认知调节等因素的影响。

比如，甲、乙二人均遭到了老板的开除。甲在遭受失业的挫折之后，环境中并未存在其他物品。而乙在遭受失业的挫折之后，环境中恰好存在枪、刀、棍等“武器”。那么，此时乙在“挫折”与“武器效应”的叠加作用下，将比甲更有可能出现攻击行为。这就是外部环境线索对于“挫折—攻击”的影响。

比如，甲、乙均想要考取同一所名牌大学，但二人均高考失利，未能被顺利录取。甲在遭受高考失利的挫折之后，尽管有些沮丧，但并未感受到明显的挫折感，因为甲的学习成绩原本与该所大学的录取分数线就有不小的差距。而乙在遭受高考失利的挫折之后，则表现出强烈的懊恼，感受到了强烈的挫折感，因为乙的学习成绩原本能够轻松地超过该所大学的录取分数线。那么，此时乙在强烈挫折感受的作用下，将比甲更有可能出现攻击行为。这就是挫折感受强弱对“挫折—攻击”的影响。

比如，甲、乙二人均因为成绩下滑而遭到了老师的严厉批评。甲在遭受了批评的挫折之后，认为老师批评自己是为了自己好，希望自己能够继续上进；而乙在遭受了批评的挫折之后，认为老师是看自己不顺眼，故意针对自己。那么，此时乙在主观认知调节的作用下，将比甲更有可能出现攻击行为。这就是主观认知调节对于“挫折—攻击”的影响。

在这里想要强调的一点是，个体在遭遇挫折后，并非总会对挫折源本身进行攻击。当由于种种原因而无法对挫折源本身进行攻击时，个体会转而向另外不相干的人或事物发起攻击，在心理学中这被称为“移置性攻击”，也被称为“转向攻击”。

如在上例中，甲在遭受挫折后，自身没有能力对挫折源本身进行攻击。妻子和岳母与甲遭受的挫折本无直接关系，但在此刻却成了“替罪羊”，成了甲进行攻击的对象。

需要说明的是，心理学认为，个体在遭受挫折之后，会出现攻击、退行、冷漠、愤怒、忧郁等多种反应。换句话说，“攻击”并非个体在遭受挫折后必然会出现的唯一反应。但毫无疑问，在攻击行为的诱发过程中，“挫折”始终扮演着不可忽视的重要角色。

诱发攻击的第四个重要因素，是**“匿名状态”**。

电影《玩命直播》将“匿名化”对于攻击行为的影响表现得十分生动。在电影中，男主与女主由于受到巨大的人身威胁，被迫参加了一项真人冒险直播游戏的“决赛”。“决赛”的规则很简单，男主与女主各自持有一支枪，哪一方能够成功射杀对方，就能取得最终的胜利，游戏随即结束。

大屏幕上出现了几个大字——“射杀你的对手”。戴着各式各样面具的观众如同发疯一般，大声喊叫着催促女主开枪。

此时，愤怒的女主冲四周的观众喊道：

“你为何不脱下你的面具，表露你的身份？你，脱下你的面具，报上你的名字！混在人群中，躲在网名后面很容易，但你们不明白，你们仍要为今晚的事情负责！你们真的希望有人死掉，仅仅是因为一场游戏？”

围观的观众愣住了，他们停止了疯狂的喊叫，慢慢低下了头。

然而，一名闹事者冲入了场内，重新煽动起了观众的情绪。见此情形，女主对闹事者说道：

“来射杀我吧！”

现场一片欢呼。

按照游戏规则，所有在现场戴面具的观众，以及躲在网名后面观看这场直播游戏的观众开始投票。如果“赞成”射杀女主的票数超过“反对”射杀女主的票数，那么该名闹事者将当场开枪射杀女主；如果“反对”的票数超过“射杀”的票数，那么女主就可以逃过一劫。

最终，投票的结果是“赞成”票数超过了“反对”票数。于是，该名闹事者当即朝女主开了枪。女主惨叫一声，随即倒在了地上。

与此同时，女主的朋友成功进入游戏直播系统的内部，并顺利获取了每一名观看该场直播的观众的真实个人信息。

于是，所有投了“赞成”票的观众收到了这样一条信息：

“凯尔，你是这起谋杀案的帮凶。”

“尼克，你是这起谋杀案的帮凶。”

“克雷格，你是这起谋杀案的帮凶。”

“凯洛琳，你是这起谋杀案的帮凶。”

所有的观众都惊恐地瞪大了眼睛。他们不再是匿名者，而是完完全全地暴露在了阳光之下。

现场的观众乱作一团，纷纷逃离了比赛场。用手机观看直播的观众，也害怕地扔掉了手机，缩在黑暗中发抖。

“匿名状态”是与“去个性化”高度相关的一种状态。当个体处于“匿名状态”时，其责任意识会出现明显的下降甚至消失，自我约束能力也遭到了明显的损害，因而会做出一些平时根本不会去做的事情。比如在上例中，观看该场游戏直播的观众在“非匿名状态”下，或许不会、不愿也不敢去做出如此疯狂残忍的选择，但在“匿名状态”之下，观众的责任意识出现了减弱，其丧失了自我约束的能力，从而投下了冷血的“赞成”票。

这一点，在“网络暴力”现象中也同样有着生动的体现，而尽量减少与避免个体处于“匿名状态”，对于犯罪预防来说也是十分重要的。

诱发攻击的第五个重要因素，是**“高温”**。

某日清晨，甲乘坐公交车上班。天气特别炎热，然而公交车上的空调出了故障。时间正值早高峰，公交车上挤满了乘客，整个车厢俨然成了一个拥挤的大蒸笼。

甲与另一名乘客乙背对背站着，过高的温度使得两人的衣服全部湿透。由于车厢过于拥挤，两个人的背部被迫紧紧贴在了一起，身上的汗液已经粘住了皮肤。

甲感到有些热得喘不过气来，于是想要稍微挪动一下位置。但还没等甲调换姿势，乙的身体突然用力向后一倾，将甲撞到了车厢的角落。甲扭过身子，一句话也没有说，抬手猛抽了乙一个耳光。乙同样二话不说，抬手也回敬了甲一个耳光，两人在车厢中扭打了起来。

心理学上认为，当物理环境中的温度达到了令人不适的高温程度时，个体的攻击行为会显著增加。许多实地调查的结果也支持了这一观点。

当然，我们首先要弄清楚这样一个问题：个体处于高温环境中会出现攻击行为的增加，这到底是因为“高温”本身诱发了攻击行为，还是仅因为与寒冷天气相比，人们在天气炎热时更愿意到户外活动，从而导致了更多人际互动的出现，并进而增加了冲突发生的可能性？

针对这一问题，心理学家设计了这样一项实验来进行研究。在这一实验中，研究者将被试分成两组，让他们分别接受一项测验。第一组被试被安排在一间温度适中的房间中进行答题，第二组被试则被安排在一间高温的房间中进行答题。研究结果表明，在高温房间中答题的被试报告他们感受到的攻击性更强，并且对于实验者要求他们进行描述和评价的陌生人也表现出了更强的敌意。

诱发攻击的第六个重要因素，是**“观察学习”**。

1995年，美国的一对年轻情侣观看了这样一部犯罪影片：影片中的男女主人公展开了一系列疯狂的杀戮，并最终成功逃脱了法律的惩罚，继续着他们的疯狂人生。在反复观看了该部影片后，这对情侣认为这就是他们所追求的东西。于是，二人模仿电影中的犯罪行为开始了杀戮。他们在一个农场射杀了一名男子，并在一家便利店枪击一名店员致其重伤。被捕后，这对情侣声称，他们的犯罪动机正是来源于这部影片。

有人或许会认为，个体学习到某一行为应当是基于其亲身的体验或直接的强化，但“观察学习”却提出了不同的观点。

观察学习，又称替代学习，是指个体仅通过观察他人（行为榜样）的行为及结果，不必事事经过亲身体验，也不必依赖于直接强化，就能学会某种行为。

我们先来看这样一项心理学研究。在这项研究中，研究者选取了一些3岁至6岁的儿童作为被试，并把这些儿童分为三组。所有被试均被安排观看这样一段场景：一名成年男子把一个玩偶娃娃放在地上，然后坐在玩偶娃娃的身上，反复打玩偶娃娃的鼻子。随后，这名成年男子把玩偶娃娃立起来，开始用木槌打玩偶娃娃的头，然后把玩偶娃娃扔了出去，并继续对着玩偶娃娃踢来踢去。

这一系列的攻击行为会按照统一的顺序重复演示三次。在对玩偶娃娃做出攻击行为的同时，这名成年男子还会表达一些具有攻击性的语言，如“打它”“踢它”“打它的鼻子”等。

然后，第一组被试会看到这样的场景：该名成年男子得到了另一名成年人的表扬和鼓励，并被给予了果汁。

第二组被试会看到这样的场景：该名成年男子遭到了另一名成年人的批评和训斥，并被打了一个耳光。

第三组被试作为控制组，没有看到任何关于该名成年男子得到表扬或遭受惩罚的场景。

接下来，研究者将所有的被试一个个单独带到了另一个房间，这个房间里放置着包括洋娃娃在内的各种玩具。被试开始在房间内自由玩耍，研究者开始观察和记录被试的行为。

这一研究的结果表明，与第三组被试相比，第一组被试在玩儿洋娃娃的过程中，攻击行为出现了明显增多。相反，第二组被试在玩儿洋娃娃的过程中，攻击行为出现了明显减少。

在这项研究中，该名成年男子实际充当了“行为榜样”的角色。我们会注意到，在整个研究过程中，第一组被试并未亲自对玩偶娃娃实施攻击行为，也并未直接受到奖励或肯定。但仅通过观察行为榜样所做出的攻击行为以及做出行为后所受到的表扬与肯定，第一组被试即在这一过程中习得了行为榜样的攻击行为。

这就是著名心理学家班杜拉所进行的“玩偶娃娃实验”。通过一系列的实验研究，班杜拉提出了观察学习的概念，强调个体不必通过亲身体验与直接强化，就能够习得某一行为。

具体到上例中，影片中的男女主角作为“攻击行为榜样”，其疯狂的杀戮行为并未得到应用的惩罚，相反还在某种程度上得到了肯定。于是，通过对电影中男女主角的“杀戮行为”与“行为后果”的观察，这对情侣完成了对杀戮行为的“学习”与“强化”。

说服免疫效应：说服信息的慎用

测谎实践之中，被测人的“态度改变”是一个重要的课题。在这一部分，我们来探讨关于“态度转变”的几个问题。

问题一：意图预警，是否有利于态度转变？

所谓意图预警，是指说服者在引导被说服者进行态度转变之前即告知被说服者，说服者将要引导其进行态度转变，从而使被说服者对说服者的意图产生预警。

“今天我跟你谈话，就是希望能改变你对这件事情的看法。”

以上情形，即说服者对被说服者进行了意图预警。被说服者从说服者的表述中已经能够听出说服者所持的观点与立场，也已经明确意识到说服者将要引导其进行态度转变。

“今天跟你见面，是想听听你对这件事情是怎么看的。”

以上情形，说服者并未对被说服者进行意图预警。被说服者从说服者的表述中并不能听出说服者所持的观点与立场，也并没有意识到说服者将要引导其进行态度转变。

那么，对被说服者进行意图预警与不进行意图预警，哪种做法更有利于引导被说服者进行态度转变呢？

心理学家进行了这样一项实验：研究者招募了一批青少年作为被试，并将被试分为两组。对于第一组被试，研究者告知他们，十分钟后将会听到一篇“为什么青少年不能开车”的演讲；对于第二组被试，研究者则并未进行提前告知。

这项研究的结果表明，被提前告知演讲主题的被试（即对被说服者进行意图预警）对于演讲的内容具有更强的抵抗力，也更少出现态度的转变。

心理学认为，意图预警可能会在某种程度上引发个体的心理防御机制，在“意图预警”到“实际沟通”的这段时间内，个体有时间去形成更多相反的观点。从这个角度来说，意图预警对于态度改变是不利的。如果说服者想要引导被说服者进行态度转变，那么不对其进行意图预警或许是更好的选择。

但心理学家同时指出，只有在说服者试图改变被说服者的立场，并且这一立场对被说服者来说十分重要时，意图预警才会对态度改变造成不利影响。换句话说，当这一立场对被说服者来说并不重要时，意图预警并不会对态度改变造成不利影响。相反，此时的意图预警可能成为一个引导性的线索，引导被说服者开始考虑正确的立场应当是什么。

关于意图预警，存在着这样一个有趣的效应：**“说服免疫效应”**。

面对病毒，个体增强抵抗力的方法有很多，其中一种重要的方法就是“接种免疫”，即向身体内接种少量的病毒，从而使个体获得对该种病毒的免疫能力。一方面，个体有能力对这部分少量的病毒进行抵抗；另一方面，这部分少量的病毒又能够激发个体产生相应的抗体，从而使得个体能够抵抗更为凶猛的病毒的攻击。

如果我们把“说服信息”看成是一种“病毒”，信息的说服力越强，“病毒”的致病性就越强。如果被说服者的抵抗力较弱，那么就容易被该“病毒”感染，从而出现态度的转变；相反，如果被说服者的抵抗力足够强，那么其就不容易被“病毒”感染，从而坚持原有的态度不发生转变。

“说服免疫效应”是指：**如果对个体的观点施加一个较为轻微的攻击，而个体成功坚持了自己的观点，那么其接下来在面对更为猛烈的攻击时，依然能够坚持自己的观点不发生转变。**

心理学家通过这样一项研究来证实“免疫效应”的存在。在这项研究中，被试被分为三组：第一组被试的立场得到了一些新的论据的支持；第二组被试的立场受到了轻微的攻击，但是被试成功地反驳了这一攻击，并且坚持了自己的观点；第三组被试的立场则未受到任何支持或攻击。

接下来，三组被试都经受了对其立场的猛烈攻击。研究结果表明，与第一组和第三组被试相比，第二组被试出现了更少的态度转变。

换句话说，“说服免疫效应”有效增强了被说服者对说服信息的抵抗能力。

“说服免疫效应”的存在提示我们，在引导被测人进行态度转变的过程中，应当对说服信息的使用保持足够的慎重。否则，其可能使被说服者在“说服免疫效应”的作用下调动自身所有的防御力量，使原有的态度变得更为稳固。

问题二：多次重复某一观点，有利于态度转变吗?

社会心理学认为，某一事物的经常出现会增加我们对它的喜爱程度。这一现象被称为**“曝光效应”**。

“曝光效应”在我们的日常生活中随处可见。比如，你在超市准备购买一瓶漱口水。你看到货架上摆放着两款漱口水，第一款漱口水你从来没有使用过，该款漱口水的品牌你也从未听说过；第二款漱口水你同样从来没有使用过，但你似乎曾在电视上看到过一两次关于该品牌的广告。于是，你最终选择购买第二款漱口水。

针对“曝光效应”，心理学家曾经做过这样一项研究：

研究者安排一批被试观看一套毕业相册。研究者首先明确，被试对毕业相册中出现的所有人均不认识。在被试观看完该套毕业相册后，研究者向被试呈现了一些人的相片，要求被试评价他们对这些相片的喜爱程度。

需要说明的是，在这套毕业相册中，有的相片向被试呈现了几十次，有的相片向被试呈现了十几次，有的相片只向被试呈现了一两次。

研究结果表明，在毕业相册中出现次数越多的人，被喜欢的程度也越高。与那些只看过一两次的“新鲜相片”相比，被试更喜欢那些看过数十次的“熟悉相片”。换句话说，只要某一事物经常出现，就能够增加被试对其的喜欢与偏爱程度。

照此看来，对某一观点进行多次重复，应当是有利于态度转变的。但事情并不是这么简单。

一个重要的原因在于，“曝光效应”在两种情况下会出现失效。

失效的第一种情况，是个体从一开始就对该事物感到厌恶。此时即使将该事物进行多次呈现，也无法诱发“曝光效应”。

这一点相对容易理解，如果我们对某一商品广告的内容感到厌恶，那么哪怕其播放的次数再多，也只会进一步加深我们对该商品的反感。而如果他人对某一论点在一开始即怀有强烈的反对与抵触，那么即使该论点重复的次数再多，也不会使我们的最初态度发生转变。

失效的第二种情况，是对该事物进行了过度的曝光。事物的呈现次数过多、呈现强度过高，同样无法诱发“曝光效应”。

这一点也不难理解，对某一事物的过度曝光，将极有可能诱发个体的厌倦情绪。而如果说服者对某一论点进行了过度的重复，也将同样诱发被说服者的厌倦情绪，反而不利于被说服者的最初态度发生转变。

那么，“重复”与态度转变之间，到底是一种什么样的关系？

心理学家进行了这样一项实验：研究者向被试呈现了几个不同的论点，但每个论点呈现的次数不一样。这项研究发现，随着呈现次数的增加，同意该论点的被试人数也在增加。但是当该论点的呈现达到一定次数后，同意该论点的被试人数反而下降了。

这一研究揭示了这样一个道理：重复与态度转变之间，或许存在着一种“倒U型曲线”的关系。换句话说，过低或过高程度的重复，都是不利于态度转变的。而适中程度的重复，也许能对态度转变起到更大的作用。

问题三：说服信息与被说服者观点的差距大小，对态度转变会产生怎样的影响？

假设在睡眠时长的问题上，你坚持认为每天应当需要八个小时的睡眠时长。现在，两名专家正在台上发表他们对于这一问题的见解。

第一名专家表示，人类每天所需的睡眠时长应当为六个小时。

第二名专家表示，人类每天所需的睡眠时长有一小时足矣。

简单来说，第一名专家的见解与你所持的观点存在的差距较小，第二名专家的见解与你所持的观点则存在巨大的差距。

那么，哪名专家所发表的见解更可能造成你对睡眠时长的态度发生转变呢？

心理学家认为，与“重复”和“态度转变”之间的关系类似，“观点差距”和“态度转变”之间同样存在一种“倒U型”关系。

具体来说，当信息的内容与被说服者的态度存在较小差距时，被说服者会感到自己的观点遭到了质疑与挑战。随着这种差距逐渐扩大，被说服者会感受到自己的观点遭到了更为强烈的质疑与挑战。然而，如果这种差距继续扩大，甚至扩大到完全对立的两个极端，那么被说服者可能会开始怀疑信息源的可靠性，反而不易受到信息内容的影响。

简言之，最大的态度转变，是发生在信息内容与我们的观点存在中等差距的时候。太大或太小的差距，都不利于我们的态度发生转变。

但也存在例外情况，那就是：如果说服者具有极高的可信度，那么即使当传递的信息与被说服者的观点之间存在很大差距时，依然可以有效引导被说服者进行态度转变。

心理学家曾对此开展研究。在一项实验中，当一名诺贝尔奖获得者提出，人类每天只需要一个小时的睡眠时，被试产生了最大程度的态度转变。

问题四：论据的强弱与数量，哪个对于态度转变更重要？

通常我们会认为，论据的强弱会比论据的数量更有利于态度的说服。但心理学家指出，这需要满足一个前提条件，那就是被说服者必须对这些强有力的论据进行认真的思考。在此条件下，强有力的论据才会对态度转变发挥更大的作用。

然而，在一些具体情境中，被说服者并不会对强有力的论据进行认真的思考。此时，论据的数量对于态度转变会发挥更大的作用。

问题五：如何增强信息源的可信度？

如何更好地引导个体进行态度转变，心理学常常从信息源、说服过程、说服对象与情境四个方面来进行阐释与分析。

具体到信息源这一层面，说服信息的可信度是影响说服效果较为重要的因素之一。在前文中我们也已提到，信息内容与个体原有观点之间存在的差距过大或过小，都不利于被说服者的态度发生转变，但如果说服者本身具有极高的可信度，那么即使存在的差距极大，被说服者的态度仍然会发生很大的转变。信息源可信度的重要性由此可见一斑。

那么，如何增强信息源的可信度？在这一部分，我们来讨论三种方法。

方法一：背离利益的表述

举个例子。

一名企业家向你抱怨，说他的工厂所排放的废物根本就不会对环境造成严重的破坏，然而现在媒体将这件事情大肆渲染，给他们造成了极其恶劣的影响。对于这件事情，他感到很无奈。

在这种情况下，你或许很难被他说服，相信工厂的生产活动并不会对环境造成严重的破坏。原因在于，该名企业家所表述的观点，是与其自身利益相符的。于是，我们自然而然地想到，该名企业家是出于自己的利益考虑才表述这样的观点，所以他的观点是不可靠的。

但是，如果这名企业家告诉你，他们工厂的生产活动其实会对环境造成极其严重的破坏，并且会对人体的健康造成非常不利的影响，而尽管如此，他们所受到的惩罚，仅仅是交了一些罚款。这名企业家表示，如果对环境破坏的惩罚力度继续如此轻微，那么类似的工厂会变得越来越多，我们的环境也会变得越来越差。

此时，你会更容易认同他的观点，认为我们对环境破坏的惩罚力度确实需要大幅增强。原因在于，此时该名企业家所表述的观点，是与其自身利益相背离的。我们会不由自主地想到，既然他所表达的观点与其利益相背离，那么这一观点应当是可靠的。

方法二：无意表述

假设你正在汽车店里挑选一辆汽车。一名销售人员迎了上来，热情地向你介绍。最终，你看中了其中两辆汽车，一辆白色，一辆红色。你打算在这两辆汽车中挑选一辆，然后买下来。但你反复考虑了很久，依然难以下决定。于是，你打算征求一下销售人员的意见。

销售人员给出了意见，他认为白色的那辆更好，销量很好，客户的反馈也不错，再加上现在有价格上的优惠，所以购买白色的那辆更加合适。

尽管销售人员帮你全面分析了白色汽车所具有的优势，但你并不会轻易地被他说服。你心里可能会怀疑，这名销售人员之所以会推荐你购买那辆白色的车，很可能是因为卖出这辆白色的车可以让他得到更高比例的提成。

就在你犹豫的时候，你看到另一个人走到销售人员面前，与销售人员小声耳语了几句。你凑过去，听到销售人员随口对那人说了一句："还是红色的那辆更合适些。"

这句无意的表述对你的决定产生了很大的影响。最终，你选择购买了红色的汽车。

具体到这个例子中，销售人员向你详细介绍和推荐那辆白色汽车，对你而言是一种"有意表述"；而当后来销售人员向另一个人推荐那辆红色汽车时，对你而言是一种"无意表述"。

毫无疑问，这种"无意表述"会更容易使你的态度发生改变，因为你觉得这种"无意表述"应当是更加可靠的。这在很大程度上也可以解释，有时我们并不愿意去相信主流渠道所传播的信息，却更愿意去相信那些小道消息和道听途说而来的只言片语。

在一些刑侦题材的影视作品中，我们也常常会看到这种方法的应用。比如，办案人员试图说服一名说谎的犯罪嫌疑人如实交代自己的罪行。办案人员需要让犯罪嫌疑人相信，他的同伙已经交代了他们实施犯罪的整个过程。此时，剧中的一名办案人员不经意间向另一名办案人员谈及同案犯如实坦白的事情。对于嫌疑人来说，这种“无意表述”有时会对其产生更大的影响。

方法三：信息来源的多重性

举个例子。

甲得到了一个不错的工作机会，但他打算放弃这一机会，因为他更希望在学业上做进一步的深造。

甲回到家，父亲听说这件事情后，发表了自己的观点。甲的父亲表示，这份工作对甲来说是更好的选择。甲来到学校，导师在了解这件事情后，也发表了自己的观点。甲的导师同样认为，甲应当珍惜这个工作机会。甲参加朋友聚会，甲的好友在得知这件事情后，发表了与甲的父亲和导师相同的观点。最后，甲的态度发生了转变，决定暂缓学业上的深造，优先把握这个工作机会。

这个例子体现的就是“信息来源的多重性”对于态度改变的影响。心理学认为，在很多时候，“多人表述同样的观点”要比“一个人从不同角度表述同一观点”更具有说服力，这是因为在被说服者看来，“信息来源的多重性”可以确保不受单一个体偏见的影响。

需要强调的是，只有在被说服者相信不同来源的信息是相互独立的时，“信息来源的多重性”才能充分发挥其作用。比如，在上例中，如果被说服者的父亲、母亲、姐姐发表意见，均认为把握这个工作机会对被说服者来说是更好的选择，但被说服者认为母亲与姐姐只是遵循父亲的指示对自己进行劝说，那么此时的“信息来源的多重性”并不会发挥明显的作用。

主要参考书目

［美］保罗·埃克曼：《说谎：揭穿商业政治与婚姻中的骗局》，邓伯宸译，三联书店2016年版。

［美］皮特里：《动机心理学》，郭本禹等译，陕西师范大学出版社2005年版。

［美］弗瑞德·E.英鲍、［美］约翰·E.莱德、［美］约瑟夫·P.巴克利、［美］布莱恩·C.杰恩：《刑事审讯与供述》，刘涛等译，中国人民公安大学出版社2015年版。

［美］E.阿伦森：《社会性动物》，邢占军译，华东师范大学出版社2007年版。

［美］赖茨曼：《司法心理学》，吴宗宪译，中国轻工业出版社2004年版。

［美］丹·西蒙：《半信半疑：刑事司法中的心理学》，刘方权、陈晓云译，上海交通大学出版社2017年版。

［美］丹尼尔·卡尼曼：《思考，快与慢》，胡晓姣、李爱民、何梦莹译，中信出版社2012年版。

［美］伊莱恩·卡塞尔、［美］道格拉斯·伯恩斯坦：《犯罪行为与心理》，马皑、户雅琦译，中国政法大学出版社2015年版。

［美］坎特威茨等：《实验心理学——掌握心理学的研究》，郭秀艳等译，华东师范大学出版社2010年版。

［美］谢弗等：《发展心理学：儿童与青少年》，邹泓等译，中国轻工业出版社2016年版。

［美］伯格：《人格心理学（第八版）》，陈会昌译，中国轻工业出版社2014年版。

［日］高木光太郎：《证言的心理学——相信记忆、怀疑记忆》，片成男译，中国政法大学出版社2013年版。

［荷］阿尔德特·弗瑞：《欺骗与测谎——陷阱与良机》，韩春梅、张磊、刘远译，中国人民公安大学出版社2016年版。

［英］茱莉亚·肖：《记忆错觉》，李辛译，北京理工大学出版社2020年版。

［英］詹妮弗·M.布朗、［英］伊丽莎白·A.坎贝尔：《剑桥司法心理学手册》，马皑、刘建波等译，中国政法大学出版社2013年版。

［加］基坦诺维奇：《对“伪心理学”说不》，窦东徽、刘肖岑译，人民邮电出版社2012年版。

［奥］阿尔弗雷德·阿德勒：《自卑与超越》，曹晚红译，中国友谊出版社2017年版。

马皑、［日］浜田寿美男主编：《中日法律心理学的课题与共同可能性》，中国政法大学出版社2015年版。

傅小兰：《说谎心理学》，中信出版社2019年版。

姜丽娜：《证人证言研究中的心理科学》，中国社会科学出版社2013年版。

靳跃：《靳跃讲心理：13堂心理判断与审讯谋略课》，中国检察出版社2014年版。

陈云林、孙力斌：《心证之道——心理测试技术新视角》，中国人民公安大学出版社2012年版。

郭秀艳：《实验心理学》，人民教育出版社2004年版。

刘洪广、周琳：《科学测谎技术》，中国人民公安大学出版社2016年版。

彭聃龄：《普通心理学》，北京师范大学出版社2019年版。

张坤：《解剖谎言：测谎师办案手记》，中国法制出版社2019年版。

张坤：《与谎言的每日相遇：测谎师办案的52堂实务课》，中国法制出版社2020年版。

图书在版编目(CIP)数据

辨识谎言：测谎办案的逻辑与方法/张坤著.—北京：中国法制出版社，2022.3（2025.1 重印）

ISBN 978-7-5216-2545-5

Ⅰ.①辨… Ⅱ.①张… Ⅲ.①测谎—案件—处理—研究 Ⅳ.①D918

中国版本图书馆CIP数据核字（2022）第032821号

策划编辑/责任编辑：吕静云（lvjingyun0328@sina.com） 封面设计：汪要军

辨识谎言：测谎办案的逻辑与方法

BIANSHI HUANGYAN：CEHUANG BAN'AN DE LUOJI YU FANGFA

著者/张 坤

经销/新华书店

印刷/北京虎彩文化传播有限公司

开本/710毫米×1000毫米 16开 印张/18.5 字数/224千

版次/2022年3月第1版 2025年1月第2次印刷

中国法制出版社出版

书号 ISBN 978-7-5216-2545-5 定价：59.80元

北京市西城区西便门西里甲16号西便门办公区

邮政编码：100053 传真：010-63141600

网址：http://www.zgfzs.com **编辑部电话：010-63141781**

市场营销部电话：010-63141612 **印务部电话：010-63141606**

（如有印装质量问题，请与本社印务部联系。）